AF610531

HISTOIRE

DE LA

PHILOSOPHIE ALLEMANDE.

IMPRIMERIE
DE MADAME HUZARD (NÉE VALLAT LA CHAPELLE),
rue de l'Éperon, n° 7.

HISTOIRE

DE LA

PHILOSOPHIE ALLEMANDE

DEPUIS LEIBNITZ JUSQU'AHEGEL,

PAR

LE BARON BARCHOU DE PENHOEN.

TOME PREMIER.

PARIS,

CHARPENTIER, ÉDITEUR-LIBRAIRE,

31, RUE DE SEINE.

1836.

PRÉFACE.

Les histoires de la philosophie sont en grand nombre.

Elles ont été écrites dans des idées fort diverses ; elles se rattachent souvent à de grands intérêts politiques non moins différens ; elles diffèrent encore par les époques où elles ont été écrites, par le talent et la force de leurs auteurs, etc.

En toutes, se retrouve pourtant la même méthode d'exécution.

Arrivé à un philosophe, l'historien fait l'énumération des travaux de ce philosophe : il prend un de ses ouvrages, il en fait l'analyse, puis il passe au suivant, et ainsi de suite; enfin il en agit de même pour le philosophe qui succédera à celui-là.

Or, il résulte de tout cela un grand nombre d'analyses d'ouvrages philosophiques, placées à côté les unes des autres.

Mais le lien nécessaire des divers systèmes philosophiques, mais la cause qui a fait sortir nécessairement tel système de tel autre, mais la raison qui fait que les idées se sont enchaînées comme elles l'ont fait, non dans un tout autre ordre, le plus souvent aucune de ces choses n'est indiquée.

Généralement du moins tout cela échappe au lecteur. Il serait téméraire sans doute de supposer que l'écrivain soit demeuré étranger à ces sortes de considérations.

L'ordre chronologique est donc le seul qui

préside à l'enchaînement des faits et des idées.

Mais les idées, les systèmes philosophiques ne se succèdent point au hasard; loin de là, comme les évènemens, les idées se suivent et s'engendrent nécessairement.

C'est là le point de vue d'après lequel nous nous sommes proposé d'écrire le livre suivant.

Nous avons voulu non pas faire successivement, et un à un, l'analyse des ouvrages de tel philosophe, puis de tel autre,

Mais reconstruire le système complet qui résulterait de l'ensemble de ces ouvrages;

Puis montrer le lien de ces systèmes divers, faire concevoir au lecteur comment ils se sont réciproquement engendrés;

Et par là présenter en un système complet la période philosophique que nous avons embrassée;

Présenter enfin comme une sorte de formule générale, d'exposition complète non plus des philosophies de tels ou tels écrivains, mais de la philosophie allemande en général.

Nous n'avons pas désiré que les diverses parties de ce livre se tinssent entre elles à la façon des diverses parties d'une œuvre de marqueterie; nous avons désiré qu'elles aient entre elles ce lien intime, continu, organique, qui se trouve entre les parties d'une plante, qui, sorti d'un même germe, participe à un même principe de vie. Nous avons réalisé ce plan autant qu'il dépendait de nous.

D'ailleurs, c'est seulement une œuvre spéciale que nous avons tenté d'exécuter. Nous nous sommes uniquement occupé du côté spécial et scientifique de la philosophie allemande; nous avons seulement voulu décrire ce qu'un géomètre appellerait sa courbe, et trouver la formule de cette courbe; quant à ses applications nombreuses, dans les arts, dans les sciences, nous ne nous en sommes nullement préoccupé; rien de tout cela n'entrait dans notre conception première.

Toutefois cette œuvre, toute resserrée qu'elle puisse être dans son exécution, se rattache pourtant dans notre esprit à une pensée de quelque étendue : nous voudrions qu'elle pût concourir à multiplier les points de contact intellectuel qui de jour en jour deviennent plus nombreux entre la France et l'Allemagne; nous voudrions qu'elle se rattachât avec efficacité aux études sérieuses tentées depuis quelques années sur la littérature de ce pays; nous voudrions qu'elle pût concourir à serrer les liens d'une *alliance philosophique* entre les deux pays. Il nous semble que c'est là chose bonne et utile à cette époque, et qui de jour en jour ressort davantage de la nature même des choses.

Mais ici la question s'agrandit. Il n'est plus seulement question de notre livre et du point de vue dans lequel nous l'avons conçu, il s'agit d'un objet plus général.

Nous l'avons indiqué tout à l'heure, quand nous avons parlé de l'alliance philosophique de la France et de l'Allemagne.

On nous permettra de nous en occuper un peu plus longuement dans les pages qui vont suivre.

DE

L'ALLIANCE PHILOSOPHIQUE

DE LA

FRANCE ET DE L'ALLEMAGNE.

DE L'ALLIANCE PHILOSOPHIQUE DE LA FRANCE ET DE L'ALLEMAGNE.

Il existe un passage du livre de l'*Allemagne* que je n'ai jamais relu sans quelque émotion ; ce passage, le voici :

« J'étais, il y a six ans, sur les bords du Rhin, attendant la barque qui devait me conduire à l'autre rive ; le temps était froid, le ciel obscur, et tout me semblait un présage funeste. Quand la douleur agite violemment notre ame, on ne peut se persuader que la nature y soit indifférente ; il est permis à l'homme d'attribuer quelque puissance à ses peines ; ce n'est pas de l'orgueil, c'est de la confiance dans la céleste pitié. Je m'inquiétais pour mes enfans, quoiqu'ils ne fussent pas encore dans l'âge de sentir ces émotions de l'ame qui répandent l'effroi sur les objets extérieurs. Mes domestiques français s'impatientaient de la lenteur allemande, et s'étonnaient de n'être pas compris quand ils parlaient la seule langue qu'ils crussent admise dans les pays civilisés. Il y avait dans notre barque une vieille femme allemande, assise sur une charrette; elle ne voulait pas même en descendre pour traverser le fleuve. — Vous êtes bien tranquille, lui dis-je. — Oui, me répondit-elle; pourquoi faire du bruit? — Ces simples mots me frappèrent; en effet, *pourquoi faire du bruit?* Mais quand des générations entières traverseraient la vie en silence, le malheur et la mort ne les observeraient pas moins, et sauraient de même les atteindre. »

Ailleurs, dans le même ouvrage, madame de Staël dit encore : « Cette frontière du Rhin a quelque chose de solennel; on craint, en la passant, de s'entendre dire ce mot terrible : Vous êtes hors de France. »

Peu d'années auparavant, un Français qui, après avoir vécu long-temps en Allemagne, avait fait de ce pays sa patrie d'adoption, Charles de Villers, écrivait : « Il semble qu'il y ait une distance infranchissable entre l'esprit français et l'esprit allemand ; ils sont placés sur deux sommets entre lesquels il y a des abîmes. »

Et, en s'exprimant de la sorte, M. de Villers n'était point en dehors de la vérité.

Le Rhin n'était point alors une simple frontière politique entre les deux contrées qu'il séparait. C'était encore, par rapport à nous autres Français, une sorte de grande muraille intellectuelle, qui ne livrait passage à aucune idée, à aucun sentiment germanique.

Les circonstances diverses au milieu desquelles s'était fait le mouvement intellectuel des deux pays suffisent à expliquer ce phénomène. Il serait, sans aucun doute, d'un grand intérêt de s'en rendre compte ; nous ne le ferons cependant que pour une seule branche des connaissances humaines. Ce que nous dirons de la philosophie pourra toutefois s'appliquer aux autres branches de la culture intellectuelle de la France et de l'Allemagne : la philosophie est comme le résumé et la formule générale de la culture d'une époque. Peut-être essaierons-nous ensuite de montrer comment ces barrières intellectuelles qui séparent les deux pays tendent de jour en jour à s'abaisser. Nous montrerons comment les points de contact se multiplient journellement entre les deux philosophies; mais d'abord occupons-nous de leurs oppositions.

La philosophie française du XVIIe siècle était éminemment religieuse, la philosophie du XVIIIe se mit dès sa naissance en opposition avec elle : elle se mit du même coup en dehors de la croyance, de la tradition, de l'histoire, de l'établissement social du pays tel qu'il existait; en un mot, de tout ce qui était le passé, ou de tout ce qui tenait au passé. Parmi les innombrables preuves de cette disposition qu'on pourrait citer, il en est une entre autres tellement éclatante, qu'elle touche au ridicule : Helvétius, dans ses lettres sur l'*Esprit des lois*, reproche sévèrement à Montesquieu d'avoir consacré une partie de son livre à l'examen de la féodalité ; le XVIIIe siècle, au dire d'Helvétius, avait-il à s'inquiéter de ces temps d'ignorance et de barbarie ? D'ailleurs la philosophie du XVIIIe siècle est aussi insouciante de ce qui se passe à côté d'elle, chez les nations contemporaines, que de ce qui s'est passé jadis chez nos aïeux. Il fallut la toute-puissance de Voltaire pour nous faire goûter quelques fragmens de Shakspeare ; encore, combien ne les avait-il pas francisés !

La philosophie du XVIIIe siècle, incrédule sur tout le reste, ne croit qu'à ce qu'elle voit, qu'à ce qu'elle touche, qu'à ce qu'elle découvre au moyen de l'analyse et de l'expérience. Ses procédés sont clairs, lucides ; elle sait grouper avec ordre, avec méthode, rattacher habilement les uns aux autres les faits qui lui sont livrés. Ses conséquences religieuses sont l'incrédulité, ses conséquences politiques la Révolution française. En fait de religion, les *Ruines* de Volney et le livre de Dupuis seront ses catéchismes ; en fait de théories politiques, le *Contrat social* et les théories de Mably sa grande charte.

La philosophie allemande fut, au contraire, toute traditionnelle dans son origine, dans sa méthode, dans ses procédés ; elle se prit d'un grand enthousiasme pour la religion, pour l'histoire, pour les vieux établissemens politiques du pays, en un mot, pour tout ce qui tenait au passé. Elle s'abandonne à l'inspiration, à la synthèse, à la poésie ; elle n'a que peu de foi dans l'observation, l'expérience, l'analyse. Elle a par dessus toutes choses le culte des anciens jours, elle croit ne jamais être remontée assez haut vers les sources sacrées de la nationalité germanique. Elle vit en bonne intelligence avec les puissances sociales. Elle est éminemment religieuse, quoiqu'en dehors des formes orthodoxes du culte. Elle accepte tout ce qui a été, tout ce qui s'est fait, elle veut sceller un nouveau pacte d'alliance entre le passé et le présent ; au milieu des débris des institutions que le temps entasse à ses côtés, on dirait qu'elle s'est proposé pour but une sorte de restauration sociale.

Son champ d'étude est éminemment plus vaste que celui de la philosophie française : celle-ci, dans sa foi aux lumières du siècle, suivant l'oppression consacrée, ne voulait rien tirer que d'elle-même.

La philosophie allemande, par sa propre nature, était aussi large dans ses sympathies que la philosophie française était étroite et exclusive. Cela ne pouvait être différemment, le public auquel elle s'adressait le voulait ainsi. En Allemagne, les langues anciennes étaient familières à presque toutes les classes de la société; bientôt l'on devait tenter de pénétrer dans les mystères des langues orientales; des affinités de race, de langage, des sympathies secrètes entraînaient l'esprit allemand vers la littérature anglaise : Shakspeare, Milton, Young, alors en jouissance de cette grande renommée qui ne devait pas durer, se trouvaient dans les mains de tout le monde. La littérature française était moins goûtée : en vain Frédéric, philosophe et écrivain français sur un trône germanique, s'efforçait de faire dominer sa littérature d'adoption ; ses efforts demeuraient infructueux. Cependant la littérature française ne laissait pas que d'être connue jusque dans ses moindres détails des écrivains et des savans allemands.

Encore une fois, on ne saurait imaginer d'opposition plus tranchée que celle existante entre la philosophie allemande et la philosophie française. D'ailleurs, jusqu'à l'époque des grands évènemens politiques de 1814, la France était demeurée tout à fait étrangère à l'Allemagne ; elle le fut pendant la durée de la Révolution tout autant qu'elle avait pu l'être dans les années qui précédèrent cette révolution. Un Français émigré, M. de Villers, essaya bien, dès 1801, d'initier la France à la philosophie allemande. Après un long séjour en Allemagne, il revenait tenant à la main un livre fort consciencieusement fait sur la philosophie de Kant. Au milieu des glorieux trophées de tant de champs de bataille qui venaient s'entasser à Paris, Charles de Villers rapportait ce trophée non moins honorablement conquis sur la littérature étrangère. Mais en ce moment, bien qu'on fût revenu avec ardeur aux grands intérêts de la pensée, les esprits sérieux étaient livrés à de tout autres préoccupations.

A la fin du XVIIIe siècle, la France avait tourné toute son activité intellectuelle vers les théories sociales et leurs applications; il en résulta cette grande catastrophe, cette gigantesque révolution qui de son soc meurtrier laboura si profondément le champ de la patrie.

Une riche moisson devait lever dans l'avenir de ces sillons ainsi creusés, nous ne le contestons pas; mais beaucoup de gens, et les plus grands esprits du temps qui la suivit immédiatement, se laissèrent aller à un violent mouvement de haine et de répulsion contre les doctrines qui avaient causé tant de malheurs alors récens, ouvert tant de plaies alors saignantes. Ils dirent anathème à la philosophie moderne, ils eussent voulu l'anéantir dans ses principes, dans ses théories; ils eussent mieux aimé encore l'anéantir dans ses conséquences politiques, la Révolution française. Un grand nombre d'esprits distingués protégeaient cependant cette philosophie contre tant de violentes attaques; mais ce n'était pas au nom d'idées plus nouvelles qu'elle se trouvait attaquée d'un côté, défendue de l'autre. Ses adversaires s'armaient contre elle de la philosophie du XVIIe siècle, du siècle de Louis XIV, du grand siècle, suivant l'expression consacrée ; et ses partisans ne devaient la défendre qu'avec elle-même, pour ainsi dire, avec les idées, les théories même du XVIIIe siècle, développées dans leurs conséquences, non modifiées dans leurs principes fondamentaux. Les XVIIe et XVIIIe siècles sortaient de la tombe, ils se combattaient par le bras d'éloquens champions : mais, dans cette résurrection momentanée, ils se montraient seulement ce qu'ils avaient été, n'ayant subi aucune altération, n'ayant participé à aucun progrès ; ils sortaient des abîmes du passé tels qu'ils avaient vécu.

La querelle n'était pas terminée, lorsque survint l'empire, qui jeta sa puissante épée entre les combattans ; il les sépara, les couvrit du manteau de sa gloire, enchaîna les uns à son char pour chanter ses victoires, repoussa dans la solitude, l'isolement, le silence, ceux qu'il n'avait pu séduire et qui eurent le courage de demeurer ses adversaires. A cette ardente polémique de 98 à 1804, où avaient brillé tant de talens, resplendi tant de grands noms, succéda cette littérature officielle, impériale, élégante dans ses formes extérieures, mais à laquelle, ainsi qu'à la jument de Roland, il manquait une petite qualité...., la vie.

Par la nature même de la polémique que nous venons d'indiquer, la littérature et la philosophie allemandes avaient dû lui demeurer tout à fait étrangères. Il s'agissait d'une sorte de querelle d'intérieur, de ménage; les étrangers n'avaient point à s'en mêler, elle devait se vider avec des armes françaises. Toutefois, comme nous l'avons dit, la philosophie allemande s'introduisait timidement dans la mêlée; elle était introduite par Charles de Villers, déjà nommé. Esprit grave et sérieux, M. de Villers avait consacré de consciencieux travaux à la philosophie de Kant; le livre qu'il publia ne fut pas compris du public, et je parle du public lettré. Il est vrai d'ailleurs que les circonstances au milieu desquelles ce livre paraissait ne lui étaient pas favorables. D'un autre côté, Charles de Villers ne nous apportait qu'une méthode, qu'une critique; les résultats, les applications ne pouvaient venir que plus tard, et ce n'est que trop notre habitude, à nous autres Français, d'aller immédiatement aux résultats, aux applications. Voyant cela, Charles de Villers, déguisant assez mal son humeur, s'en retourna philosopher en Allemagne. Élève de Brienne comme Bonaparte, comme lui officier d'artillerie, l'ayant, je crois, connu jadis, il eût pu se flatter d'un avenir brillant en s'attachant à lui; rien de tout cela ne le retint. Ses amis ne manquèrent pas de l'appeler rêveur, mauvaise tête, songe-creux; c'est le mot des amis et des grands parens contre tout ce qui sort des routes battues. Mais, maintenant que tant d'années se sont écoulées, maintenant que s'est évanouie la brillante fantasmagorie du grand empire, Charles de Villers, ami de Goerres et de Jacobi, interprète de Kant, membre de cette noble minorité à laquelle appartenaient madame de Staël, Benjamin Constant, Chateaubriand, Charles de Villers, dis-je, me semble en meilleure posture, aux yeux de la postérité, que Charles de Villers confondu dans la troupe dorée des serviteurs de l'empire.

Quant au livre de M. de Villers, il n'y a point à s'étonner qu'il n'ait trouvé qu'indifférence à son apparition : il n'appartenait vraiment pas à cette époque, mais bien à celle qui suivit. Après les dix années de l'empire, glorieuses, stériles, mais dans les champs de la pensée, la restauration commençait une ère nouvelle. De la liberté de la presse, du légitime espoir d'influer par le talent sur le présent et l'avenir du pays, devait naître une nouvelle activité intellectuelle. Alors parut l'ouvrage de madame de Staël sur l'Allemagne, ouvrage dont celui de M. de Villers peut être considéré comme l'appendice ou le complément philosophique. Au moment de paraître en 1810, ce livre avait été supprimé par la vigilance du duc de Rovigo ; des gendarmes mirent en pièces l'édition déjà préparée. Le retard de sa publication ne pouvait d'ailleurs qu'ajouter à son effet ; les meilleures choses ont besoin de venir en leur temps; or, ce livre était en avant de son époque. Il y a lieu de croire qu'il n'eût rencontré sous l'empire que raillerie, critique de détail, manque de sympathie. Les grands évènemens qui se précipitèrent dans les années 1814, 1815 et les suivantes, et en firent des siècles, ont peut-être été nécessaires pour nous élever jusqu'à la pensée qui l'avait inspiré. Madame de Staël elle-même ne dut probablement qu'à sa position tant exceptionnelle, qu'à l'enchaînement d'évènemens qui l'avait jetée hors de l'empire, de s'élever à cet autre ordre de choses et d'idées.

Par ce livre, l'Allemagne, depuis si long-temps foulée par nos armées, mais alors ignorée, méconnue de nous, fut comme subitement révélée à la France. Rien n'était resté en dehors des investigations de madame de Staël; son esprit était ouvert à toutes les nobles idées, comme son ame à toutes les sympathies généreuses. La poésie épique, lyrique, la tragédie, la comédie, la philosophie, l'histoire, l'érudition, l'état social du pays, l'aspect de la contrée, la vie, les mœurs, les traits les plus déliés comme les plus prononcés du caractère et du génie de la nationalité allemande, étaient en relief dans son style largement et hardiment pittoresque. Avant de parler de l'Allemagne, elle s'était, pour ainsi dire, faite allemande : par les circonstances de sa vie, elle se trouvait en opposition avec la France du moment autant que pouvait l'être l'Allemagne elle-même ; elle aussi se plaisait à toute la poésie des temps écoulés. Dans son esprit se trouvait un élément étranger à l'esprit de la France; mais, loin que ce fût ce genre d'étroitesse souvent reproché aux Genevois, c'était au contraire quelque chose de plus large, de plus universel que ne le comportaient nos doctrines littéraires de cette époque. Tout en adoptant le passé, elle était en même temps la première qui eût tenté des voies nouvelles en littérature et en philosophie. Dans son livre intitulé : *De la littérature dans ses rapports avec les institutions sociales*, elle avait essayé de nous initier aux beautés d'une littérature toute différente de la littérature appelée classique. Par la seule force de son esprit, elle tendait à s'élever à une autre philosophie que celle du XVIIIe siècle, tout en acceptant ce que celle-ci pouvait avoir de vraiment légitime dans ses conclusions. Elle construisit sous nos yeux tout un monde intellectuel, ainsi que fit Cuvier, pour le monde anti-diluvien.

Aussi ne fut-ce point un germe stérile que madame de Staël jeta parmi nous. A l'apparition de son livre se rattachent un grand nombre de travaux sur l'Allemagne. Ils ne furent sans doute pas toujours continués avec le même zèle, mais au moins ne furent-ils jamais tout à fait abandonnés.

La langue allemande se répandit de plus en plus; les idées allemandes perdirent leur étrangeté pour quelques uns d'entre nous; des traductions se succédèrent en grand nombre. Ces travaux divers sont trop nombreux pour qu'il entre dans notre plan de les énumérer, ils sont trop importans pour que nous nous permettions de les apprécier. Nous ne pouvons cependant nous résoudre à passer tout à fait sous silence la belle traduction de Herder, que nous devons à la plume élégante de l'auteur d'Ahasverus et du chantre de Napoléon, double épopée où il nous a raconté l'homme individuel et l'humanité, le passé et le présent du monde. Puisse-t-il nous faire entendre bientôt ce cantique d'avenir dont il nous a fait la promesse!

Dans les premières années de la seconde restauration, la philosophie écossaise se montrait timidement en France. Adoptant la manière de procéder de la philosophie matérialiste, s'en tenant comme celle-ci à l'observation et à l'expérience, elle en différait seulement sur quelques points de morale. Cependant, c'était un grand pas que d'oser s'attaquer, même timidement, au matérialiste du XVIIIe siècle. Ce moment était donc favorable à l'introduction de la philosophie allemande en France. M. Cousin, dont l'Enseignement eut tant d'éclat, dont la parole résonna parmi nous avec tant de puissance, M. Cousin s'occupa d'abord de Kant. Un petit nombre de travaux sérieux suivirent. Les conséquences principales, les résultats essentiels de la philosophie allemande nous devinrent bientôt familiers; ils entrèrent, pour ainsi dire, dans la circulation; les cours des dernières années de M. Cousin, beaucoup de travaux historiques publiés à cette époque, entre autres ceux de M. Michelet, l'interprète de Vico, en font foi. Cette réhabilitation du passé, cet optimisme historique qu'on remarque chez les esprits distingués de cette époque, sont choses absolument étrangères à la philosophie du siècle dernier. La même observation peut s'appliquer aux écoles philosophiques et politiques qui se montrèrent après la révolution de juillet, effervescence passagère où l'on put croire quelques instans qu'il s'agissait de faire les trois journées dans la monarchie de l'intelligence : là aussi se retrouvent quelques uns des points de vue principaux de l'école allemande. On peut ajouter qu'il n'est guère d'ouvrage de quelque importance publié depuis plusieurs années, où l'on ne puisse discerner cet élément étranger. Mais cette même philosophie allemande, dans sa forme propre, dans sa nature scientifique, n'a pourtant donné lieu qu'à un fort petit nombre de publications. L'ouvrage de M. de Villers, celui de Kinker traduit du hollandais par un homme qui a voulu garder l'anonyme, celui de M. Schoën qui a bien voulu se servir de notre langue pour nous parler de la philosophie de sa patrie, la traduction assez récente d'un ouvrage de Fichte, la belle traduction de Kant et de l'Histoire de la philosophie de Ritter par M. Tissot, un certain nombre d'articles de M. Prévot dans les Revues, sont à peu près tous les travaux spéciaux que nous possédions sur une matière si riche et si abondante. Ainsi la philosophie allemande est donc partout et nulle part : elle est partout dans ses conséquences, dans ses résultats; elle n'est nulle part dans sa forme propre. C'est un torrent qui a tout inondé dans le champ de l'intelligence, mais à la condition d'abandonner son propre lit.

Or, ce serait une entreprise utile que de creuser de nouveau ce lit et de l'y faire rentrer. Dans ce but, il faudrait essayer de faire, de propos délibéré, le contraire de ce qui s'est fait jusqu'à ce jour. Il faudrait tenter de saisir cette philosophie non plus seulement dans ses applications à l'histoire, à l'art, à la nature, dans ce qu'elle peut avoir d'arbitraire, de vague et d'indécis, mais au contraire dans ce qui lui donne la durée, la persistance, je veux dire dans son essence propre, dans ce qu'elle peut avoir de précis, d'arrêté, de vraiment scientifique. Par là seulement on pouvait espérer de faire enfin connaître cette philosophie dans ce qu'elle a d'intime et de réel, de fondamental. Il faudrait, si j'ose le dire, en étudier soigneusement le squelette ; si l'harmonie des proportions, la fraîcheur du coloris, la beauté des formes arrêtent et charment l'œil dans la structure humaine, ce n'est cependant qu'à celui dont l'œil a été au delà, qu'à l'anatomiste qui a su étudier les savantes articulations de l'ostéologie humaine, que se révèle tout son mystérieux mécanisme. Plusieurs plumes éloquentes nous ont initiés au côté pour ainsi dire extérieur de la philosophie allemande; on n'a point encore tenté de pénétrer dans son intimité, de la saisir en quelque sorte dans sa charpente intérieure ; en un mot, après tant de livres sur la philosophie ou à propos de la philosophie allemande, il resterait peut-être à essayer sur ce sujet un livre tout spécial. On disserte depuis long-temps sur les conséquences de cette philosophie, son influence, etc.; le moment ne serait-il pas venu de dire, avec quelque précision, ce qu'est cette philosophie, en quoi elle consiste, quelle est sa forme, sa structure, quelle fut la loi de son développement.

Si quelque talent répondait à ces tentatives, on ne pourrait en attendre de bons résultats. L'infusion des idées étrangères dans la littérature et les idées françaises ne peut que nous profiter. Les esprits semblent disposés à se tourner de ce côté. Autrefois les romans allemands étaient populaires parmi nous; le théâtre l'a été dès son apparition, et Faust nous a introduits dans un ordre de choses et de faits nouveau pour nous. Quels sont les esprits, quelles sont les imaginations qui n'ont pas été remués, entraînés par Byron? Le temps n'est pas loin où l'introduction parmi nous d'un des romans de Walter Scott était un véritable événement. En dépit de ses formes arrêtées et conventionnelles, on ne saurait donc reprocher à la littérature française de s'être faite inaccessible à ces illustres nouveaux venus; elle leur a donné avec empressement droit de bourgeoisie. Certes, c'est là un véritable progrès, c'est le commencement d'une ère nouvelle pour qui reporte ses yeux à vingt ans en arrière; à cette époque, notre littérature, par trop exclusivement nationale, n'avait de place ouverte à aucune idée étrangère.

Reconnaissons en cela la marche de l'esprit humain. A certaines époques de leur existence arrive pour les peuples comme pour les individus l'heure du développement intellectuel : alors apparaissent ces trois ou quatre grands siècles littéraires qui dans l'histoire brillent d'un si grand éclat. La poésie, la philosophie, l'histoire, les beaux-arts, touchent presque subitement à l'apogée de leur culture; l'intelligence humaine rayonne simultanément dans les directions les plus diverses. A tous les écrivains de chacune de ces grandes époques littéraires, nous reconnaissons cependant un air de famille; tout en ayant la physionomie qui lui est propre, chacun n'en ressemble pas moins quelque peu à tous les autres. On ne saurait les confondre avec ceux qui appartiennent à une autre époque; les mettez-vous en regard, le caractère propre aux uns et aux autres en devient aussitôt plus saillant. C'est qu'en effet les écrivains d'un même siècle, quelque dissemblables qu'ils apparaissent dans leurs sphères diverses, n'en ont pas moins une identité secrète; leur variété extérieure repose nécessairement sur le fond commun d'une même croyance, d'une même inspiration, d'une même idée. Les formes les plus variées de cette cristallisation intellectuelle recouvrent un nombre fort limité de noyaux élémentaires.

Mais, soumises à la loi commune de l'humanité, ces grandes époques littéraires n'ont qu'un temps; ces grands mouvemens de l'intelligence humaine viennent toucher un but qu'ils ne sauraient dépasser. Dès lors se manifeste un mouvement en sens inverse de ceux que nous indiquons, je veux dire un mouvement de décadence et de décomposition. Dans les royaumes de l'intelligence tout s'affaisse, se décolore, s'amoindrit; quelques instans encore les formes extérieures de la pensée peuvent se montrer les mêmes, mais la vie les a pourtant abandonnées; la pensée se traîne encore péniblement dans les voies déjà fréquentées; elle ne s'envole plus vers de nouveaux cieux sur les ailes ardentes de l'inspiration. Or, à ces époques, il arrive aussi que les diverses littératures contemporaines, entrant en contact les unes avec les autres, se mêlent, se pénètrent, et pour ainsi dire se rajeunissent réciproquement. C'est chose analogue à cette transfusion du sang humain d'où devait sortir pour le vieillard une vigueur nouvelle, et qui fut si long-temps le rêve des médecins du moyen-âge.

A leur contact réciproque, les idées éprouvent, en effet, une sorte de fermentation analogue à celle produite dans l'ordre matériel par celui de certaines substances; puis, comme dans ce dernier cas, une combinaison nouvelle des mêmes élémens peut se manifester, où soient absorbées leurs combinaisons précédentes. Après le développement instantané, naturel, national, il peut se faire encore une autre sorte de développement; et, cette fois, un développement réfléchi, composé, provenant de la mise en contact, de la fusion, en un foyer commun de nationalités diverses, et en apparence peut-être hétérogènes.

Klopstock a fait une ode charmante, en révêtant une idée toute moderne de formes et de couleurs antiques.

La muse d'Albion et la muse de la Germanie sont en présence; elles sont prêtes à disputer le prix de la course. Accoutumée à de tels combats, la muse d'Albion descend fièrement dans l'arène; encore jeune et timide, sa rivale ne l'y suit qu'en tremblant, pleine toutefois d'une noble ardeur. Dans l'attente du signal, elles se contemplent réciproquement avec une inquiète curiosité. Un dialogue animé ne tarde pas à s'engager entre elles. Cependant l'instant solennel est venu, le hérault s'approche, le signal ne peut tarder; il est donné...... « La trompette retentit, continue Klopstock; » les deux muses volent avec la rapidité de » l'aigle; un nuage de poussière s'élève sur » la vaste carrière. Je les vis près du chêne; » mais le nuage s'épaissit, et bientôt je les » perdis de vue. » Sans doute il y a de la grace à ne pas désigner le vainqueur; nous-même, spectateur désintéressé dans le concours, hésiterions sur quelle tête placer la couronne de chêne. Mais la pensée philosophique peut percer ce nuage, au sein duquel sont cachées les deux muses : elle se plaira, dès lors, à voir tranformées en une seule et nouvelle muse les deux rivales; elle se plaira à supposer harmonieusement confondue leur nature diverse en une autre nature plus élevée, plus divine. Au delà de la carrière déjà parcourue, nous pouvons river pour la muse nouvelle toute une autre et non moins glorieuse carrière.

Klopstock n'était-il pas lui-même comme un autre symbole de ce mélange de deux natures? Son génie s'était éveillé au noble appel du génie de Milton et d'Young; dans sa propre muse se trouvaient confondues l'inspiration anglaise et l'inspiration allemande.

Telle est l'idée qui nous a soutenu et encouragé dans le cours de nos travaux. Nous avons voulu mettre à la portée, sous la main, pour ainsi dire, de l'esprit français, un élément qu'il doit, selon nous, s'assimiler avant de commencer une nouvelle carrière. Nous avons voulu aider, dans la mesure de nos forces, à cette sorte de fusion des nationalités différentes; sorte de chaos d'où sortira peut-être un jour ce nouveau monde de la pensée, que déjà les yeux des clairvoyans peuvent saluer, dans un avenir plus ou moins éloigné.

S'il est un fait de nature à frapper tous les yeux, c'est sans doute une sorte de nouvelle *unité* vers laquelle l'Europe semble graviter de toute part. Les diversités de races tendent à s'effacer de jour en jour; les inimitiés nationales sont reléguées au fond de nos plus anciens souvenirs; dans tous les pays, les classes élevées ont les mêmes manières, le même langage, des mœurs semblables; les mêmes livres trouvent des lecteurs également aptes à les comprendre dans les contrées les plus diverses; Byron, Chateaubriand, Goëthe, semblent compatriotes aussi bien que contemporains; les langues tendent à se confondre dans les liens d'une même syntaxe, pour toutes également simplifiée. Sous les pas d'innombrables voyageurs, les frontières politiques s'effacent. Depuis long-temps, l'imprimerie avait aboli la condition de la durée; les hommes séparés par les siècles se touchaient par la pensée, habitaient un même monde intellectuel, et voilà que maintenant, grâce aux merveilleuses inventions de l'industrie moderne, les distances sont de même abolies. Berlin, Vienne, Paris, Londres, Pétersbourg ne sont qu'autant de quartiers divers d'une immense capitale ; et ces grands fleuves, qui pendant tant de siècles ont séparé les peuples, sont aujourd'hui les instrumens les plus actifs de leur gigantesque fusion.

Et voilà, sans doute, les pensées qui préoccuperaient aujourd'hui madame de Staël sur les bords du Rhin, non plus les impressions douloureuses que nous avons racontées il n'y a qu'un instant.

Et sans doute aussi, c'est à elle, c'est à la grande madame de Staël, qu'il eût été donné plus qu'à personne de nous raconter quelque chose du mystérieux avenir dont nous venons de signaler quelques symptômes.

PHILOSOPHIE ALLEMANDE.

INTRODUCTION.

ARGUMENT.

OBJET DE LA PHILOSOPHIE.

DÉVELOPPEMENT PHILOSOPHIQUE DE L'ESPRIT HUMAIN.

GERME DE LA PHILOSOPHIE ALLEMANDE.

DESCARTES.

Le doute. — Imperfection de nos moyens de connaître. — Cosmologie

MALLEBRANCHE.

Causes de nos erreurs. — Les sens. — L'imagination. — L'entendement. — Pourquoi nos sens nous ont été donnés. — Vision en Dieu. — Cosmologie.

SPINOSA.

Une seule substance. — Deux grandes modifications de cette substance. — Enchaînement des choses. — L'exigence morale, etc. — Analogie du système avec le panthéisme oriental.

ANALOGIE DES IDÉES DE CES TROIS HOMMES.

Le plus noble attribut de l'homme est, sans aucun doute, cet instinct puissant qui, l'arrachant au sentiment de ses besoins terrestres, lui fait un besoin plus impérieux encore de savoir, de connaître : et ce besoin, il le manifeste aux premiers pas qu'il fait sur ce globe; ses yeux sont à peine ouverts à la lumière du soleil, qu'on les voit chercher aussitôt une autre lumière plus éclatante.

Remontez par la pensée jusqu'aux époques primitives du monde, reculez par l'imagination au delà des temps historiques, quel sera le spectacle dont vous serez frappé?

L'homme s'enquiert de la nature extérieure; il mesure la terre qui s'étend sous ses pieds; il étudie les objets avec lesquels il se trouve en contact, il détermine leurs rapports entre eux et avec lui-même, il s'efforce de pénétrer dans le mystère de leur existence, il leur impose certaines classifications. Par la pensée s'emparant de la terre entière, il la mesure, la décrit, la décompose; c'est peu dire : il la façonne, la pétrit, la recrée pour ainsi dire de ses propres mains. Puis, loin que ce théâtre suffise à son immense activité, ce n'est bientôt qu'un point de départ; il se précipite, il s'envole, pour ainsi dire, à travers ces espaces sans limites où les mondes sont semés comme les grains de sable sur les rivages de nos mers. L'homme descend en même temps au dedans de lui-même; il s'efforce de pénétrer jusque dans l'intimité de sa pensée, d'en deviner le mystère, d'en comprendre l'essence, d'en décrire les lois, d'en saisir le mécanisme compliqué; il étudie encore les phénomènes variés que produit son contact avec les objets extérieurs. Phénomènes merveilleux, d'où naissent, dans les profondeurs de la conscience humaine, en face, pour ainsi dire, de l'univers matériel, un autre univers, idéal, intelligible; deux mondes à la fois confondus et distincts, concentriques et opposés, qui se réfléchissent, se repoussent et se mélangent; deux mondes qui naissent l'un de l'autre, qui s'engendrent mutuellement et n'en demeurent pas moins séparés par d'infranchissables abîmes. Toutefois, ni les mystères entrevus de sa propre intelligence, ni les phénomènes expliqués du monde extérieur, ne suffisent à apaiser la soif de connaître qui dévore l'homme. S'élançant par delà les limites de l'immensité, il veut s'emparer de l'infini; il s'efforce de plonger au sein de Dieu lui-même, pour y saisir dans leur source merveilleuse les miracles de la création, les lois de l'univers créé et jusqu'à l'impénétrable mystère de l'essence divine elle-même.

Dieu, l'univers, l'humanité, voilà les vrais objets de la science humaine, voilà le grand ternaire, le triangle sacré qui flamboie dans les nuages sur la route qu'elle est appelée à parcourir dans son pélerinage terrestre; voilà la grande énigme qu'elle s'efforce de résoudre, ou par la révélation, lorsqu'elle se borne à répéter, comme un écho fidèle, la grande parole de Dieu; ou bien par la philosophie, lorsqu'elle se confie pour le même but aux faibles efforts de sa propre intelligence, aux vacillantes lumières de sa propre raison.

Aucune génération n'a passé sur la terre sans avoir tenté la solution du grand problème. Héritière des solutions déjà tentées par les générations précédentes, chacune d'elles a retourné ces solutions de mille et mille façons, tantôt pour y ajouter, tantôt pour en retrancher. Les générations suivantes ont recommencé le même travail, et les efforts de l'humanité n'ont pas cessé, depuis l'origine des siècles, de s'enchaîner de la sorte les uns aux autres. Aussi, dans cette grande famille de l'humanité, l'héritage des pères n'a-t-il jamais été perdu pour les enfans; aussi le trésor de la science humaine a-t-il été grossissant sans cesse, en même temps qu'entre tous ses membres s'établissait une immense solidarité. A ce sujet, a été dit par Pascal, un mot fameux, depuis lors souvent répété : « La suite des hommes, dit, Pascal, pourrait être considérée, dans tous les temps et dans tous les lieux, comme un seul homme qui apprendrait toujours. » On ne saurait exprimer d'une manière plus frappante ce qui constitue la grande loi du monde intelligible, tout aussi bien que celle du monde matériel; nous voulons dire la continuité dans le temps. Dans le monde intelligible et dans le monde matériel, tout se tient, en effet, dans la durée, de même que tout se touche dans l'espace.

Semez-vous une graine, un gland, un pepin; sous l'influence d'un principe qu'il recèle dans l'intimité de son essence, cette graine, ce gland, ce pepin se brise, se décompose. Une plante, qui bientôt perce la surface de la terre, sort de ces débris. S'assimilant, du *milieu* au sein duquel elle est appelée à vivre, certaines portions d'air, d'eau, de terre végétale, cette plante traverse, subit nombre de transformations diverses. Mais, dans ce mouvement progressif, chacune des phases de son développement est déterminée par les phases diverses de son développement antérieur : si, dans tel moment donné, elle est ce qu'elle est, c'est parce que, dans la série des momens qui ont précédé celui-là, elle a été ce qu'elle a été; de même encore, si elle est ce qu'elle est, c'est aussi parce qu'elle sera ce qu'elle sera à chacun des momens de son développement à venir. A chacun des instans de son existence, la plante résume donc tout son passé et contient tout son avenir. A chaque instant de son existence, elle ne cesse de se trouver en relations avec ces deux ordres de choses : les choses qui ont précédé, les choses qui suivront; et c'est ainsi qu'elle croît, grandit, se développe, s'entoure de branches, se couvre de feuilles. Le chêne va perdre sa tête au sein des nuages, le peuplier balance dans les airs sa verte pyramide; sur les rives de l'Océan, le sapin agite à grand bruit son sombre feuillage.

Dans le monde intelligible a lieu un phénomène analogue. Cachée dans les profondeurs de l'intelligence humaine, comme le gland ou le pepin dans les entrailles de la terre, une idée se produit un jour à la lumière. Elle entre immédiatement en relation avec les choses du monde intelligible, c'est à dire avec d'autres idées, d'autres notions; en vertu de la force intérieure qui lui est propre, elle s'en assimile, ainsi que la plante, quelques portions; ainsi que la plante, elle en repousse quelques autres ; ainsi que la plante encore, elle croît et grandit. Par la lutte elle développe ses forces, par l'assimilation elle augmente de volume, et elle devient de la sorte un système, une doctrine, qui s'élève magnifiquement dans les royaumes de l'intelligence : ce sera la philosophie de Platon, d'Aristote, de Descartes, de Kant, ou de Schelling. Ici il y a donc aussi continuité de développement ; il y a aussi ici une liaison intime, un rapport nécessaire entre le passé et l'avenir ; ici aussi, quand on considérera dans son ensemble tel ou tel mouvement philosophique, on le verra, à chacune de ses phases, résumer tout son passé, contenir tout son avenir.

Celui qui voudra faire l'histoire d'une époque ou d'un mouvement philosophique quelconque devra donc, avant toute chose, faire sentir la loi de continuité de ce mouvement. Il devra montrer son point de départ, celui d'arrivée, de plus la série des termes intermédiaires par lesquels se trouvent unis ces deux termes extrêmes. Il devra, de plus, s'efforcer de montrer ce double mécanisme de répul-

sion et d'assimilation que nous venons d'indiquer, et au moyen duquel il s'est effectué.

En acceptant cette donnée, on conçoit qu'il serait possible de faire, d'une manière tout à fait abstraite, l'histoire d'une période philosophique quelconque. L'historien cesserait de se préoccuper des hommes et des évènemens; il les laisserait en dehors de ses récits.? en revanche, il s'attacherait à une idée, et cette idée, il la suivrait depuis son origine jusqu'au dernier terme de son développement, pour ainsi dire à travers ses aventures les plus diverses; elle serait comme le personnage et le héros du livre. Les systèmes dont elle aurait été la base et le fondement seraient considérés comme des enveloppes extérieures, comme les phases diverses de son développement; les grands hommes qui l'auraient exprimée n'en seraient que les organes, que les échos; leur personnalité s'anéantirait dans la personnalité de l'idée. De la sorte, on aurait vraiment l'histoire de tel ou tel mouvement philosophique, non plus seulement l'histoire de tels ou tels systèmes, qui n'en sont qu'autant d'épisodes. Puis, si ce n'était plus seulement telle ou telle idée dont l'historien suivrait ainsi la marche, si c'était l'idée philosophique en elle-même, on pourrait voir dans son germe, en même temps que dans sa succession, dans sa simultanéité, en même temps que dans sa continuité, tout le développement philosophique de l'humanité; on lirait, d'un seul coup d'œil, toute l'œuvre philosophique de l'homme de Pascal.

Or, c'est à ce point de vue que nous nous sommes placé dans le livre qui suit. Nous avons voulu, tout en esquissant l'histoire de la philosophie allemande, raconter ses origines, et rendre en même temps sensible la loi de son développement continu.

Par cette raison, nous dirons donc quelques mots de la philosophie de Descartes. Le point de vue philosophique de Descartes, développé par Mallebranche, systématisé en corps de doctrine par Spinosa, est, en effet, le point de départ et comme le germe de la philosophie allemande. La philosophie de l'Allemagne moderne ne paraît, à certains points de vue, quant à sa partie spéciale, qu'un immense développement de cette première philosophie; on dirait une plante transportée dès sa naissance sous un ciel étranger, où pourtant elle n'en aurait pas moins atteint le dernier terme de sa croissance.

DESCARTES.

On l'a dit mille fois, le point de départ de la philosophie de Descartes, c'est le doute universel; mais hâtons-nous d'ajouter une remarque. Le doute de Descartes n'est pas ce doute si commun dans notre époque; sentiment plein d'angoisse et d'amertume, foi troublée, croyance ébranlée qui ne trouve plus où se prendre, ne sait où s'enraciner; jamais homme ne fut, à ce qu'il nous semble, moins exposé que Descartes à ce genre de tourment, à la vérité à peu près inconnu de son temps. Le doute de Descartes est le doute scientifique, doute qui porte sur la légitimité de nos moyens de connaître, qui établit leur insuffisance, et va chercher la vérité au delà de leur sphère; c'est enfin la nécessité, nettement posée, d'un point de vue autre que celui du sens commun ordinaire. Aussi le doute de Descartes ne tarde-t-il pas à se transformer en l'affirmation la plus hardie.

Quelle est la source de nos premières connaissances? La sensation. Ce que nous savons, d'où vient-il? De nos sens. S'il était vrai que nous pussions concevoir quelque doute sur le témoignage de nos sens, il en résulterait donc que nous devons, par les mêmes motifs, douter de même de tout ce qui constitue la science humaine. Comment croire aux déductions d'un principe nécessairement faux par lui-même?

Or, bien qu'à la première vue il paraisse impossible que nos sens ne nous disent pas vrai, bien qu'il nous semble d'abord impossible de ne pas croire à ce qu'ils nous enseignent des choses extérieures, toutefois, après quelques instans de réflexion, nous nous trouvons inévitablement contraints de l'admettre.

Nous sommes, en effet, les jouets habituels de nos sens; ce qu'ils nous apprennent du monde extérieur se trouve mensonger pour les trois quarts du temps; les fous, les insensés, non seulement ont des sens, mais ils ont les mêmes sens que nous; enfin, ce qui est encore plus concluant, n'avons-nous pas, dans le sommeil, les mêmes sens que dans la veille? Or, dans le sommeil, nous sommes en proie à mille et mille illusions; nous adressons la parole à des amis que la mort nous a enlevés, à d'autres amis dont nous sommes séparés par de grandes distances; nous nous croyons à des milliers de lieues de l'endroit où véritablement nous sommes; et cependant il n'y a pas de signe évident par où nous puissions établir avec certitude que le sommeil n'est pas la veille, ni la veille le sommeil. Qui peut donc nous assurer que notre veille ne se trouve pas toute remplie d'illusions analogues à celles qui peuplent nos nuits?

« Il y a long-temps, dit Descartes, que j'ai dans l'esprit une certaine opinion qu'il y a un Dieu qui peut tout, et par qui j'ai été créé tel que je suis. Or, que sais-je s'il n'a point fait qu'il n'y eût aucun ciel, aucun corps étendu, aucune figure, aucune grandeur, aucun lieu, et que néanmoins j'aie le sentiment de toutes ces choses, et que tout cela ne me semble pas exister autrement que je le vois? Et même, comme je juge quelquefois que les autres se trompent dans ce qu'ils pensent le mieux savoir, que sais-je s'il n'a point fait que je me trompe aussi, toutes les fois que je fais l'addition de 2 et de 3, ou que je nombre les côtés d'un carré, ou que j'exécute quelque chose encore plus facile que cela? Mais peut-être Dieu n'a pas voulu que je me trompasse toujours, car il est souverainement bon. Toutefois, si cela répugnait à sa bonté de m'avoir fait tel que je me trompasse toujours, cela semblerait aussi lui être aucunement contraire de permettre que je me trompe quelquefois; et néanmoins je ne puis douter qu'il ne le permette. »

De ce raisonnement, Descartes tire cette conclusion : c'est que le premier moyen que le philosophe doive employer pour parvenir à la connaissance de la vérité, c'est de commencer par arracher de son esprit toutes ses anciennes opinions, toutes ses anciennes idées.

Il continue en ces termes : « Je supposerai donc, non pas que Dieu, qui est très bon, qui est la souveraine source de vérité, mais qu'un certain mauvais génie, non moins rusé et trompeur que puissant, a employé toute son industrie à me tromper; je penserai que le ciel, l'air, la terre, les couleurs, les figures, les sons et toutes les autres choses extérieures, ne sont rien que des illusions et des rêveries dont il s'est servi pour tendre des piéges à ma crédulité. Je me considérerai moi-même comme n'ayant point de mains, point d'yeux, point de chair, point de sang, comme n'ayant aucun sens, mais croyant faussement avoir toutes ces choses. Je demeurerai obstinément attaché à cette pensée; et si, par ce moyen, il n'est pas en mon pouvoir de parvenir à la connaissance de toute vérité, à tout le moins il est en mon pouvoir de suspendre mon jugement. C'est pourquoi je prendrai garde soigneusement de ne recevoir en ma croyance aucune fausseté, et préparerai si bien mon esprit à toutes les ruses de ce grand trompeur, que, tout-puissant et rusé qu'il soit, il ne me pourra jamais rien imposer. »

En conséquence, Descartes en vient à supposer que toutes les choses qu'il voit sont fausses ; il se persuade que rien n'a jamais été de ce qu'il a cru être, que les souvenirs qui remplissent sa mémoire ne sont qu'autant de mensonges; il croira n'avoir aucun sens, il croira n'avoir pas de corps. Les corps, les figures, les lieux, l'étendue, ne seront plus pour lui qu'autant d'illusions dont jusqu'alors il a été dupe; cependant, si tout cela n'existe pas, n'y aurait-il pas pourtant quelques autres choses existantes? N'y aurait-il pas quelque Dieu, ou du moins quelque esprit, quelque puissance inconnue qui lui ait mis toutes ces pensées en tête, et d'autres encore? Cette supposition n'est pas absolument nécessaire, ajoute aussitôt Descartes; car toutes ces choses ne pourraient-elles pas être produites par l'esprit humain lui-même? Explication plus simple que la précédente, et qui, par cela même, mérite de lui être préférée.

Mais le *moi* n'existerait-il donc pas? Parce que je puis nier mes sens, nier mon corps, s'ensuit-il que je doive me nier moi-même? Serais-je tellement dépendant de mes sens et de mon corps, qu'il s'ensuive nécessairement que je cesse d'exister aussitôt qu'eux-mêmes n'existent plus?

Nullement : car si j'ai pu me persuader qu'il n'existe aucune terre, aucun ciel, aucun corps, aucun esprit, si j'ai pu, par une supposition hardie, substituer le néant au monde, je n'ai pourtant pas pu me persuader que moi-même je n'étais point; tant s'en faut. Par cela même que je me suis persuadé quelque chose, j'étais; j'étais, par cela même que j'ai eu seulement l'ombre d'une pensée. « Il y a, me suis-je dit, un je ne sais quel trompeur, très puissant et très rusé, qui emploie toute son industrie à me tromper toujours. » Mais s'il me trompe, si moi-même je me trompe, il faut que je sois; qu'il me trompe en conséquence tant qu'il le voudra; il ne saurait faire, en dépit de son pouvoir et de sa malice, que je ne sois rien, tant que je penserai être quelque chose. Après y avoir bien pensé, après avoir convenablement examiné toute chose, il faut donc enfin conclure par tenir cette proposition comme constante : *Je pense, donc j'existe;* proposition essentiellement et nécessairement vraie, toutes les fois que je la prononce ou que je la conçois dans mon esprit.

Cette proposition, demeurée si célèbre, est le premier chaînon auquel Descartes rattachera plus tard tous les anneaux de son système; elle devient pour lui la source de toute certitude. « J'aurai le droit, dit-il, en effet, de concevoir de hautes espérances, si je suis assez heureux pour trouver seulement une chose qui soit certaine et indubitable. » Or, cette chose, nous venons de montrer qu'il l'a trouvée ; il se trouve en possession de ce point d'appui que demandait Archimède pour soulever le monde ; il a démontré l'existence par la pensée, le réel par l'idéal.

Mais Descartes fait mieux qu'Archimède; il ne se contentera pas de remuer, de soulever le monde; après l'avoir brisé, il le reconstruira; après l'avoir anéanti, il lui rendra l'être, la vie, la réalité.

Il a exposé ses idées à cet égard dans son *Traité de la Lumière*. Pour nous expliquer les phénomènes de ce monde de la réalité, au sein duquel nous vivons et nous marchons, il le reconstruit, pour ainsi dire, pièce à pièce, Toute cette conception est pleine de hardiesse et de grandeur; elle nous remplit d'une émotion à laquelle ajoute sans doute la mâle familiarité du langage. Mais nous ne saurions nous résoudre à analyser; nous aimons mieux citer :

« Permettez donc pour un temps à votre pensée de sortir hors de ce monde, pour en venir à un autre tout nouveau que je ferai naître, en sa présence, dans les espaces imaginaires. Les philosophes nous disent que ces espaces sont infinis; et il doit bien en être ainsi, puisque ce sont eux-mêmes qui les ont faits. Mais, afin que cette infinité ne nous embarrasse pas, ne tâchons pas d'aller jusqu'au bout; entrons-y seulement si avant, que nous puissions perdre de vue toutes les créatures que Dieu fit il y a cinq à six mille ans; et après nous être arrêtés là en quelque lieu déterminé, supposons que Dieu crée de nouveau autour de nous tant de matière que, de quelque côté que notre imagination se puisse étendre, elle n'aperçoive plus aucun lieu qui soit vide.

» Bien que la mer ne soit pas infinie, ceux qui sont au milieu, sur quelque vaisseau, peuvent étendre leur vue, ce semble, à l'infini; et toutefois il y a encore de l'eau au delà de ce qu'ils voient. Ainsi, encore que notre imagination semble se pouvoir étendre à l'infini, et que cette nouvelle matière ne soit pas supposée être infinie, nous pouvons bien toutefois supposer qu'elle remplit des espaces beaucoup plus grands que tous ceux que nous aurons imaginés. Et même, afin qu'il n'y ait rien en tout ceci où vous puissiez trouver à redire, ne permettons pas à notre imagination de s'étendre si loin qu'elle pourrait, mais retenons là tout à dessein dans un espace déterminé, qui ne soit pas plus grand, par exemple, que la distance qui est depuis la terre jusqu'aux principales étoiles du firmament, et supposons que la matière que Dieu aura créée s'étend bien au delà, de tout côté, jusqu'à une distance indéfinie; car il y a bien plus d'apparence, et nous avons bien mieux le pouvoir de prescrire des bornes à l'action de notre pensée, que non pas aux œuvres de Dieu.

» Or, puisque nous prenons la liberté de

feindre cette matière à notre fantaisie, attribuons-lui, s'il vous plaît, une nature à laquelle il n'y ait rien du tout que chacun ne puisse connaître aussi parfaitement qu'il est possible; et, pour cet effet, supposons expressément qu'elle n'a pas la forme de la terre, ni du feu, ni de l'air, ni aucune autre plus particulière, comme du bois, d'une pierre, ou d'un métal; non plus que les qualités d'être chaude ou froide, sèche ou humide, légère ou pesante; ou d'avoir quelque goût, ou odeur, ou son, ou couleur, ou lumière, ou autre semblable, en la nature de laquelle on puisse dire qu'il y ait quelque chose qui ne soit pas évidemment connu de tout le monde (1).

» Mais je ne veux pas différer plus longtemps à vous dire par quels moyens la nature seule pourra démêler la confusion du chaos dont j'ai parlé, et quelles sont les lois que Dieu lui a imposées. »

Se plaçant, en effet, au centre de ce chaos,

(1) *Le Monde*, de René Descartes, ou Traité *de la Lumière*.

Descartes ne tarde pas à le dissiper; il impose des lois à cette matière confuse; il fait rouler, circuler, tourbillonner toutes les parties de la matière; il les façonne de toute sorte; il les doue de qualités et de propriétés diverses. Dans ce monde il fait éclater un soleil, étinceler des étoiles; il trace les orbites que parcourront les planètes; il sème dans l'espace les comètes à la marche irrégulière; il décrit avec plus de complaisance la terre où nous sommes et ses satellites; il donne des lois à la pesanteur; il raconte le flux et le reflux de la mer; il explique les phénomènes de la lumière, il en décrit les propriétés merveilleuses, propriétés au moyen desquelles il arrive à démontrer que ce nouveau monde apparaîtra à ses habitans tout semblable à notre monde actuel. Ces deux mondes, en effet, étaient identiques. mais, au lieu d'analyser terre à terre notre globe terrestre, Descartes, pour nous le mieux expliquer, a pris le parti de le créer, pour ainsi dire, sous nos propres yeux.

MALLEBRANCHE.

Mallebranche continua Descartes; quand il n'en existerait pas d'autres preuves, le titre même de son œuvre, *Recherche de la vérité*, en témoignerait suffisamment. Il faut avoir erré dans les sentiers du doute, avant de se mettre ainsi en quête de certitude et de vérité. On sait comment la lecture du *Traité de l'Homme*, de Descartes, instruisit Mallebranche de sa vocation philosophique. Le hasard plaça ce livre sous sa main; à peine l'eut-il parcouru des yeux, qu'il put s'écrier, en s'appropriant un mot célèbre : « *Et moi aussi je suis philosophe* (1). » Cette soudaine révélation de leur propre génie s'est encore rencontrée dans la vie de quelques autres grands hommes; et même à la distance des siècles, on n'assiste pas, ce nous semble,

(1) Voir la note à la fin de l'ouvrage.

sans une sorte d'émotion, pour ainsi dire religieuse, à cette minute demeurée solennelle dans leur vie; c'est toute une création dont nous devenons spectateurs.

Suivant Mallebranche, l'ame peut apercevoir les choses de trois manières : par l'entendement pur ou l'esprit, par l'imagination, et par les sens (1).

Par l'entendement pur, l'ame perçoit les choses spirituelles, les universelles, les notions communes, l'idée de la perfection, celle d'un être infiniment puissant, éternel et infini; et de la même façon, toutes ses pensées, tout ce qu'elle sait d'elle-même, tout ce qu'elle découvre au moyen de la réflexion qu'elle fait sur soi. Elle aperçoit encore par l'entendement pur les choses matérielles, l'étendue et ses propriétés. Et comment pourrait-elle, en effet, concevoir autrement que par l'entendement un cercle ou un carré parfaits? Il n'y a, dans la réalité, ni cercles ni carrés parfaits : ce sont autant de simples perceptions de l'esprit; aussi l'esprit sait-il se les

(1) *Recherche de la vérité*, t. 1er, p. 47 et 48.

représenter sans qu'il lui soit besoin de recourir aux images matérielles.

Par l'imagination, ce sont encore les êtres matériels que l'ame perçoit, mais, dans ce cas, elle les perçoit dans leur absence; en raison de sa toute-puissance, elle se les rend présens, en dépit des distances ou du temps qui l'en séparent. C'est de cette façon que nous imaginons toute sorte de choses et de figures : un cercle, un triangle, des chevaux, une maison, des prairies, des bois, que sais-je? Mais ce n'est qu'en se formant des images que l'ame s'en représente les objets. Aussi l'imagination se trouve-t-elle bornée, suivant Mallebranche, aux objets sensibles, aux choses matérielles. C'est en effet seulement de ces objets et de ces choses qu'il est donné à l'ame de se former des images.

Par les sens enfin, l'ame perçoit les objets sensibles et grossiers, au moment même où leur présence fait impression sur ses organes extérieurs, impression qui se communique immédiatement au cerveau. Elle perçoit encore ces mêmes objets lorsque le cours des esprits animaux (reconnaissez le langage de Descartes) fait sur le cerveau, malgré leur absence, une impression semblable à celle qu'il recevrait de leur présence. Par les sens, l'ame se met en rapport avec la nature extérieure ; elle aperçoit des plaines, des rochers, des rivières, des forêts; par les sens, elle connaît les propriétés inhérentes à ces objets, la dureté du fer, le piquant d'une épée, la chaleur du feu, l'odeur de la rose, le goût d'un fruit, etc.

Hors ces trois modes de perception, il n'en existe pas pour l'ame, et la chose est facile à concevoir. Les objets extérieurs, les choses en général, celles du moins qu'il nous est donné de concevoir, sont spirituelles ou matérielles. Spirituelles, elles sont perçues par l'entendement pur. Matérielles, elles sont loin de nous ou près de nous, absentes ou présentes : or, en tant qu'absentes, elles sont perçues par l'imagination; et en tant que présentes, par nos sens, par nos organes extérieurs. L'entendement, l'imagination et les sens sont, par conséquent, les seules sources de nos connaissances, par suite de nos erreurs. Si donc nous pouvions déterminer avec exactitude les erreurs appartenant à ces trois moyens de percevoir, nous aurions la clef de toutes nos erreurs, de toutes les erreurs de l'humanité; il nous serait loisible d'en faire l'inventaire, d'en dresser le catalogue. Essayons cette tâche, et, pour l'accomplir plus rapidement, négligeons pour l'instant deux autres sources d'erreurs plutôt morales et religieuses, non scientifiques : nous voulons dire nos inclinations et nos passions.

La corruption de nos sens, par suite du péché originel, est une première cause d'erreurs; mais d'autres causes d'erreurs sans nombre, à commencer par celles des yeux, viennent s'ajouter à celles-là. La vue est la plus noble et la plus étendue de nos facultés, c'est donc celle qui devrait nous apprendre le plus de vérités, si nos sens nous enseignaient la vérité. Il arrive, au contraire, que la vue nous trompe de mille façons. Les yeux ne nous permettent pas de pénétrer dans les détails du monde microscopique; ils ne nous permettent pas davantage de percevoir les objets dont les dimensions sont au delà de certaines limites; ils ne nous enseignent pas la grandeur réelle des objets, mais seulement leurs rapports avec nos organes extérieurs, avec notre propre structure. Ils nous trompent sur les distances où les objets sont de nous; ils ne nous trompent pas moins sur les vraies figures de ces objets : tantôt les ellipses nous apparaissent des cercles, tantôt des cercles nous apparaissent des ellipses. Par la pensée, diminuons, amoindrissons le globe terrestre, jusqu'à ce qu'il en soit réduit aux dimensions d'une balle de fusil, supposons un amoindrissement analogue dans ce qui existe à la surface de ce globe, êtres et choses, animés et inanimés. Les habitans de ce globe, si nous les laissons dotés de nos propres organes, recevront sur les objets de leurs sensations des impressions absolument semblables à celles que nous-mêmes recevons, dans l'ordre actuel des objets et des choses avec lesquels nous nous trouvons en relation. Or, ces objets et ces choses auraient subi, dans la supposition donnée, des changemens de dimensions presque incalculables. Le même phénomène se présenterait de nouveau dans la supposition inverse. Si par la pensée nous agrandissons, immensément, le globe et ce qui le couvre; si nous supposons, par exemple, que le diamètre de ce globe nouveau soit égal de la distance de la terre au soleil; que les hommes, les animaux, les arbres, toutes choses enfin aient grandi dans la même proportion, les impressions reçues par les gigantesques habitans de ce globe, par suite de rapports avec les objets extérieurs, seront néanmoins encore identiques à celles que nous-mêmes en recevons dans l'ordre de choses actuel.

Dans cet ordre actuel, que d'erreurs de tout genre! Les plus petits comme les plus grands objets échappent également à nos moyens de connaître. Ces objets doivent nous apparaître d'autant plus petits qu'ils sont plus éloignés, c'est la règle générale; et voilà la lune qui à l'horizon paraît plus grande qu'au zénith. D'un autre côté, nous voyons comme des corps plats la lune et les étoiles; et ils sont sphériques. Il en est de même pour les autres corps de cette forme, vus dans certaines circonstances. La vitesse et la durée du mouvement échappent également à nos yeux ; quelquefois nous voyons immobiles des corps en mouvement, quelquefois en mouvement des corps immobiles. Si nous descendons une rivière, le bateau nous semble immobile, tandis qu'à nos côtés s'enfuient les arbres, les maisons, le rivage. De même, la lune nous paraît courir çà et là dans le ciel, et les nuages y être cloués aux mêmes endroits. A ces erreurs habituelles de nos yeux, nous pourrions en ajouter beaucoup d'autres; nous pourrions encore en citer des milliers d'analogues, provenant de l'ouïe, du toucher, du goût, de l'odorat. Mais cette nomenclature serait aussi superflue que fastidieuse; il nous suffit d'avoir indiqué celles de la vue. Car, nous l'avons dit, de tous nos sens, la vue est le plus noble, le plus essentiel, celui auquel nous devons le plus grand nombre de nos idées; en un mot, celui qui, dans notre vie terrestre, joue le rôle le plus important.

Bornons-nous à leur appliquer à tous cette remarque de Mallebranche : « Nos sens ne » nous sont pas donnés pour connaître la vé» rité des choses en elles-mêmes, mais seule-

» ment pour la conservation de notre corps (1). »

L'imagination n'est pas une moindre source d'erreurs que les sens : cela doit être. Au point de vue de Mallebranche, l'imagination n'est rien autre que la sensibilité considérée sous un autre point de vue. Selon Mallebranche, nos fibres nerveuses sont douées de la faculté de recevoir certains mouvemens ; mais tantôt l'impulsion première vient du dehors, de la circonférence au centre ; tantôt, au contraire, du dedans, c'est à dire du centre à la circonférence. Or, considérée sous ce premier rapport, cette faculté est la sensibilité ; sous le second, l'imagination. Les erreurs appartenant à nos sens, jusqu'à un certain point, seront donc communes à l'imagination ; il y aura des erreurs de l'imagination analogues et, pour ainsi dire, parallèles à celles de la sensibilité.

Les mouvemens intérieurs dont nous venons de parler sont le véhicule de l'imagination ; ils ont leur cause dans les esprits animaux, soumis eux-mêmes à l'influence de toute

(1) Voir la note à la fin de l'ouvrage.

sorte d'agens extérieurs, le vin, le café, l'air, l'état de la santé; il en résulte que l'imagination devient elle-même le jouet de ces mille causes extérieures. D'autres causes, purement intérieures, ont une influence analogue. L'imagination est encore dupe de liaisons purement accidentelles, qui s'établissent parfois entre certaines traces laissées dans le cerveau par les esprits animaux; elle ne manque jamais, et alors, d'attribuer aux objets extérieurs que ces traces sont destinées à s'appeler, des liaisons, des rapports analogues; or, souvent cela n'a ni raison, ni réalité aucune. Par le progrès de la vie, l'imagination subit encore certaines modifications. A mesure que nous avançons en âge, les objets ne font plus sur nous les mêmes impressions; et ces objets demeurent pourtant semblables à eux-mêmes.

On sait les dérangemens d'esprit auxquels nous sommes sujets, l'influence des imaginations les unes sur les autres; celle d'une mère, par exemple, sur l'enfant qu'elle porte dans son sein, influence généralement admise du temps de Mallebranche (1). Les imaginations fortes ont une influence analogue sur les imaginations faibles. Non seulement l'imagination n'est pas la même chez les mêmes individus à différens âges, mais elle n'est pas la même non plus chez les personnes de sexes différens. Les esprits animaux vont dans les traces qui leur sont le plus familières, de là vient notre attachement à certains sentimens, à certaines idées qui ne cessent de se reproduire en nous ; de là aussi cet attachement qu'ont certains hommes à certaines idées auxquelles ils ne cessent de tout rapporter. On sait encore notre penchant naturel et irréfléchi à l'imitation, ainsi que les visions de toute sorte auxquelles l'imagination nous emporte. On a vu des gens s'imaginer être loups-garous, d'autres cerfs, d'autres qui, la tête remplie d'histoires de sorciers, croyaient l'être devenus, et racon-

(1) Nous n'ignorons pas que cette opinion est aujourd'hui rejetée par notre médecine matérialiste ; nous ne serions pourtant pas étonné qu'elle revînt prendre place plus tard dans la science.

taient tous les détails d'un sabbat où ils prétendaient avoir assisté ; que sais-je encore?

L'essence de l'entendement ou de l'esprit consiste dans la pensée. Nous pouvons supposer la matière peu à peu dépouillée de toutes ses autres propriétés, nous ne pouvons la dépouiller de la propriété d'être étendue; de même, nous pouvons supposer l'esprit dépouillé une à une de ses autres facultés, mais non de la faculté de penser. La pensée est inhérente à l'entendement; par cela seul qu'il est, l'entendement pense et ne peut pas ne pas penser. Il en résulte des erreurs non moins nombreuses et plus importantes que celles que nous avons signalées à propos de la sensibilité et de l'imagination.

La matière est apte à être modifiée d'une infinité de façons. Le moindre grain de sable peut être supposé une figure de trois, de six, de dix, de cent côtés; un morceau de cire peut successivement revêtir un nombre incalculable de formes diverses. Les yeux ne sauraient les considérer, l'imagination ne peut arriver à s'en former la notion. Le nombre de ces modifications est infini; nous ne saurions conclure de celles qui ont existé à celles qui ne sont encore qu'en puissance d'être. L'esprit, l'entendement peut [illegible] recevoir de tout aussi nombreuses modifications que la matière elle-même. En même temps, ces modifications se succèdent, et ne coexistent pas; il en est d'elles comme des diverses configurations reçues tour à tour par un même morceau de cire; et, parmi toutes ces modifications, l'ame ne saurait avoir conscience que de la modification du moment; celles qui l'ont devancée, celles qui doivent la suivre, sont également insaisissables. Par le plus grand nombre de ses modifications, la pensée échappe ainsi à notre conscience. D'un autre côté, nous ne pouvons saisir ni les rapports très compliqués de certains objets, ni nous occuper long-temps des mêmes choses, ni fixer notre attention sur celles qui sont à peu près étrangères au sentiment de notre bien-être. A elles seules, certaines sensations prennent plus d'espace dans notre vie que l'ensemble de nos idées intellectuelles, que le système même de notre intelligence; de là d'innombrables causes de troubles et d'erreurs.

Parmi ces erreurs, il en est une tellement considérable qu'elle domine, résume, absorbe en quelque sorte toutes les autres. Elle provient de la tendance invincible que nous avons à attribuer aux objets, comme leurs propriétés, les impressions que nous en recevons. Les couleurs, par exemple, qui sont dans nos yeux, nous les étendons sur les objets; l'odeur, qui existe dans notre appareil olfactif, nous la transportons dans les fleurs. Or, ces prétendues propriétés, ainsi que toutes les autres, ne sont pourtant, d'après ce que nous venons de dire, qu'autant de modifications de nous-mêmes. Elles sont, toutefois, les seules choses que nous connaissions de l'ensemble des objets, c'est à dire du monde extérieur. Nous ne savons donc rien de ce monde extérieur. La connaissance que nous croyions en avoir n'a nul fondement réel, n'est qu'une immense erreur.

D'un autre côté, ce ne sont pas précisément les objets eux-mêmes que nous percevons; c'est chose bien prouvée. Quand, par exemple, nous apercevons le soleil, la lune ou les étoiles, l'ame, ayant déserté le corps, ne se promène pas dans les cieux pour y contempler ces objets ; elle ne les voit donc point eux-mêmes (1). L'objet immédiat de notre esprit quand il voit le soleil n'est pas le soleil lui-même, mais l'idée du soleil, l'idée-soleil. Cette idée touche notre ame, la modifie, et lui est intimement unie. Dans notre perception d'un objet quelconque, il en est toujours ainsi : c'est l'idée de cet objet, non cet objet, qui se trouve être l'objet immédiat de notre esprit ; c'est par elle, et seulement par elle, qu'il est modifié et peut être modifié. S'il se met en rapport avec le monde extérieur, s'il sait et comprend ce monde extérieur, c'est par le moyen de ces idées.

Or, ces idées, que sont-elles ? d'où viennent-elles? Les objets matériels ont-ils certains simulacres qui, s'en détachant, viennent se graver, s'imprimer dans notre esprit? L'ame produit-elle, crée-t-elle successivement ces idées? A notre entrée en ce monde, se trouvent-elles déjà en nous, gravées qu'elles y sont par la main même de Dieu? Dieu les produit-il, au contraire, en

(1) *Recherche de la vérité*, t. 2, liv. 3, p. 58.

nous, au fur et à mesure des besoins que nous en avons? L'existence, l'essence, les propriétés diverses des objets se révèlent-elles à l'esprit par cela seulement qu'il s'examine lui-même, qu'il s'étudie jusque dans ses moindres modifications? Aucune de ces solutions du problème n'est acceptée de Mallebranche; voici celle qu'il leur substitue.

Dieu préexistait à la création du monde; ce monde, il l'a créé avec la conscience de ce qu'il faisait. En lui se trouvaient déjà les idées de tous les objets qui, plus tard, devaient se réaliser. Toutes choses sont ainsi en Dieu; tout ce qui est, tout ce qui existe, depuis les créatures les plus sublimes jusqu'aux plus vils objets de la nature, existe en Dieu; mais en même temps tout cela y existe seulement d'une manière toute spirituelle, toute intellectuelle. De cette façon, Dieu voit en soi tous les êtres; pour cela, il lui suffit de se considérer lui-même, dans son essence et dans ses perfections. Or, Dieu est intimement uni à nos ames, ou, pour mieux dire, nos ames le sont à Dieu; de même que l'espace est le lieu des corps, Dieu est le lieu des esprits. (Quel mot! quel style! quel langage!) Dieu donc est le lien des esprits. Or, l'esprit humain, en raison de cette étroite union avec Dieu, peut voir en Dieu ce qui en Dieu se trouve en rapport avec les objets créés, ce qui représente les êtres créés, en d'autres termes, les idées de ces êtres créés. L'esprit humain verra en Dieu les ouvrages de Dieu. De tous les moyens que Dieu pouvait choisir pour initier l'intelligence humaine à la connaissance des mystères de l'univers, celui-là est, sans contredit, le plus simple; aussi Dieu a-t-il dû le choisir. Il lui aura suffi de douer nos esprits de la faculté d'apercevoir ce qu'ils portent, ce qu'ils recèlent en eux-mêmes, nous voulons dire cette portion d'eux-mêmes qui se trouve en rapport avec les choses extérieures qui, pour ainsi dire, représente ces choses.

« D'ailleurs, dit Mallebranche, pour agir sur l'esprit, il faut lui être supérieur : donc Dieu seul le peut; l'auteur de notre être peut seul modifier notre être à son gré. Donc enfin, il est nécessaire que toutes nos idées se trouvent dans la substance efficace de la Divinité, qui seule est intelligible, qui seule, par conséquent, peut affecter les intelligens. Saint Augustin a dit lui-même exactement la même chose dans ces magnifiques paroles : — *Insinuavit nobis Christus animam humanam et mentem rationalem non vegetari, non beatificari, non illuminari, nisi ab ipsa substantia Dei* (1). »

Entre l'objet extérieur et l'idée, il n'existe qu'un simple rapport de simultanéité; ils ne sont liés par aucun rapport de causes et d'effets. L'idée naît dans l'esprit de l'homme, un objet extérieur lui correspond; mais l'objet n'est pas la cause de l'idée; l'idée n'a pas été produite par cet objet. L'esprit voit une idée dans le sein de Dieu; en même temps, en raison de sa toute-puissance, Dieu fait que l'objet de cette idée lui correspond tout aussitôt dans le monde matériel. Si nous croyons à la réalité du monde extérieur, ce ne peut être (au point de vue de Mallebranche) qu'en raison de la souveraine véracité de Dieu, qui n'aurait pas voulu nous donner l'idée d'une chose qui ne serait pas. Ainsi croyons au monde extérieur; mais n'y croyons pas parce que nous le voyons, parce

(1) Tome 2, p. 103.

que nous le touchons, parce que nous en avons l'idée; croyons-y parce que son existence nous est affirmée par la parole toujours retentissante de Dieu. Croyons à ce monde parce que dans les livres sacrés Dieu lui-même a daigné nous attester par écrit la réalité de son existence.

Les idées cosmologiques de Mallebranche sont, à peu de chose près, celles de Descartes; son univers ressemble à celui de ce dernier. Il le construit de la même façon, prenant pour point de départ la même idée *à priori*, celle des tourbillons.

L'univers de Descartes est composé d'une infinie multitude de tourbillons. Les étoiles fixes en sont les centres. Ils ne se nuisent en aucune façon, ils s'engrènent, au contraire, les uns dans les autres : chacun exécute son évolution de manière à aider, non à nuire aux évolutions de tous les autres. Au moyen de leurs forces centrifuges, ils se compriment réciproquement, ils se font mutuellement équilibre. C'est là l'idée principale de Descartes; mais Mallebranche en poursuit les conséquences bien au delà de Descartes. Tandis que ce dernier s'est arrêté à l'hypothèse de ces tourbillons, qu'il n'en a pour ainsi dire considéré que la surface, Mallebranche pénètre dans leur intérieur, il les décompose en quelque sorte jusque dans leurs derniers élémens. Selon Mallebranche, chacun de ces tourbillons, le nôtre par exemple, est divisé en une multitude de tourbillons secondaires; ce sont là les élémens intégrans des grands tourbillons. Le nombre de ces nouveaux tourbillons est sans limites, leur vitesse est fort grande, leur force centrifuge presque infinie (d'après la supposition), le carré de la vitesse divisé par le diamètre de leur circonférence (1). En repos, en contact les unes avec les autres, les particules grossières de la matière sont comprimées en tout sens par les forces centrifuges des tourbillons qui les environnent; elles ne leur font aucune résistance. De là, la cohésion, la permanence des corps dans un même état, leur constitution, et tous les phénomènes qui se rattachent à ceux-là. Les phénomènes de l'électricité et ceux qui

(1) Fontenelle, t. 5, p. 457.

leur sont analogues viennent, au contraire, d'une cause opposée : ils découlent des efforts tentés par les petits tourbillons pour se replacer dans leurs conditions premières, lorsque ces conditions ont été violemment troublées. La lumière est le résultat d'une pression exercée par les corps lumineux sur leur sphère entière. Cette pression s'exerce d'abord sur ceux du voisinage; mais, en raison de la plénitude de l'univers, elle se communique instantanément du centre à la surface de la sphère. Cette pression, au lieu d'être uniforme, est tantôt plus forte et tantôt plus faible; et de là les couleurs, la pesanteur, etc., comme résultats de ces inégalités de pression, etc., etc.

Avec sa sagacité ordinaire et sa merveilleuse force de tête, Mallebranche rattache de la même façon tous les autres phénomènes de la nature à sa première hypothèse.

SPINOSA.

—

Spinosa ne s'inquiète point de l'analyse subtile de Mallebranche et de Descartes. Il s'élance de prime abord au delà des royaumes du fini, de l'accidentel, du limité; il s'élève jusqu'à la substance une, infinie, absolue; hauteur sublime, d'où il redescendra peu à peu jusque dans le domaine de la réalité, au moyen de propositions rigoureusement enchaînées les unes aux autres, à la façon des géomètres. Écoutons-le.

Suivant Spinosa, tout ce qui est est l'être infini, absolu, existant d'une façon illimitée, inconditionnelle. Tout ce qui apparaît divers constitue les modifications de cet être un, absolu; mais lui seul existe éternel, immuable, toujours identique à lui-même quant à son essence. Il est comme la racine et le fondement de tout ce qui existe. Lui seul existe réellement; quant aux choses finies, ainsi que leurs rapports entre elles, ainsi que leurs phénomènes visibles, elles ne sont qu'autant d'apparences sans réalité.

Or, cet être absolu, cette substance par excellence, toujours identique à elle-même, inconditionnelle et illimitée, existant éternellement et nécessairement, c'est Dieu.

Dieu est tout ce qui existe; il est également dans les substances étendues et dans les substances pensantes. Ces deux sortes de substances sont, par conséquent, une quant à leur essence; elles sont l'une et l'autre deux grandes modifications diverses d'une même substance divine; car sans Dieu rien ne saurait être, sans Dieu rien ne saurait être pensé. Dieu est, nous le répétons, tout ce qui est, a été, ou sera.

Tout ce qui découle de la nature absolue des attributs de Dieu est éternel et infini, en tant que lié à l'éternel et à l'infini.

Dieu se développe suivant les lois de sa nature éternelle. En lui est la cause de tout ce qui existe; car l'existence et la substance de toutes les choses de ce monde sont déterminées par sa propre existence et sa propre substance. Ne voyez donc dans le monde aucun accident fortuit, aucun hasard; loin de là, tout ce qui arrive est rigoureusement déterminé par les nécessités inhérentes à la nature divine. A la vérité, dans le monde extérieur, Dieu peut cependant être considéré sous deux points de vue divers : tantôt comme cause libre, active, universelle (comme nature naturante); tantôt comme effet nécessairement et inévitablement produit, comme nature passive, engendrée (comme nature naturée).

Au lieu d'agir arbitrairement, Dieu obéit aux nécessités de sa nature. Sa volonté et sa science ne font qu'un. Il crée les choses sur un modèle idéal qu'il porte en lui-même; il agit par rapport au but qu'il s'est proposé de toute éternité. Il ne saurait créer les choses sur quelque autre modèle, il ne saurait agir par rapport à quelque autre but; la nécessité de son essence implique qu'il ne saurait se manifester autrement qu'il ne se manifeste. Il n'agit donc pas au moyen d'une volonté libre, mais d'une volonté nécessaire. Dès l'origine des âges jusqu'à la consommation des temps, les choses n'auraient pu être arrangées autrement qu'elles l'ont été, le sont ou le seront. Depuis les étoiles qui roulent sur nos têtes, jusqu'au brin d'herbe que nous foulons aux pieds, l'univers ne saurait être autre qu'il n'est réellement.

En Dieu se succèdent des pensées diverses, qui sont autant de modifications de l'intelligence divine. Ces pensées expriment l'essence divine d'une façon finie, déterminée; mais, en raison de la nature de Dieu, elles n'en sont pas moins en elles-mêmes infinies, illimitées en nombre. Or, ces modifications de Dieu en tant qu'être pensant, ces modifications des attributs divers de Dieu, c'est à dire de Dieu considéré, pour ainsi dire, de divers points de vue, ce sont les idées. Les idées ont, par conséquent, Dieu pour cause, en ce sens qu'il est pensé, conçu sous l'attribut exprimé par telle ou telle idée, non sous tel ou tel autre. Certaines idées qui ont rapport à l'éternel, à l'infini, à l'immuable, sont en Dieu de toute éternité; d'autres, ayant rapport à l'accidentel, au relatif, naissent et disparaissent dans le temps. Quant aux choses, elles découlent aussi nécessairement de l'essence de Dieu que les idées découlent de son intelligence, car les choses sont aussi nécessaires que les idées.

Ne nous lassons donc point de le répéter, l'ensemble des choses ou la réalité ne sont qu'autant de modifications d'une substance unique, conçue tantôt sous un attribut, tantôt sous un autre, se manifestant ici comme étendue, et là comme idée.

Au sein de Dieu coexistent et se confondent choses et idées, idées et choses, il en est la source commune; en lui les idées sont liées aux idées, les choses le sont aux choses. Aussi la moindre modification survenue à une chose ou à une idée se communique-t-elle, de proche en proche, à un nombre incalculable de choses et d'idées. Or, qu'est-ce que l'intelligence humaine? Une portion de l'intelligence divine; tout ce qui existe est Dieu, puisque Dieu est tout ce qui existe. L'intelligence humaine sera donc affectée par ce qui se passera dans l'intelligence divine. Quand nous disons d'un homme qu'il pense ceci ou cela, c'est donc comme si nous disions en d'autres termes que Dieu, non pas en tant qu'infini et illimité, mais en tant que fini et limité, est déterminé de telle ou telle façon, sous telle ou telle idée.

En raison de l'identité de toutes choses, il y a identité entre le corps humain et l'intelligence humaine; ce sont deux formes d'une même substance, opposées de formes, identiques en essence. Le corps est l'objet de l'idée par laquelle l'intelligence humaine est affectée; il existe en acte, non autrement. Mais cette idée n'est pas simple, elle est complexe, composée d'un grand nombre d'autres idées; son objet sera, par conséquent, complexe, composé. Ainsi, l'ame humaine n'arrive pas seulement à la connaissance du corps auquel elle est unie; au moyen de ce corps et des modifications qui y surviennent, elle arrive encore à la connaissance des corps voisins qui agissent sur ce corps, ou sur lesquels lui-même agit. Au point de vue où nous sommes, l'intelligence humaine, ne l'oublions pas, est une avec l'organisation physique de l'homme; l'objet de la raison est un avec la raison elle-même. Toutefois, bien qu'identique à elle-même dans les deux cas, cette chose apparaîtra dans l'un sous l'attribut de la pensée, dans l'autre sous celui de l'étendue. Quant à la volonté humaine, elle ne saurait être libre : elle est toujours et nécessairement déterminée par ce qui se passe dans l'intelligence de Dieu. La liberté et le libre arbitre sont autant d'illusions. Celui qui a su s'élever jusqu'à l'idée de l'enchaînement nécessaire de toutes les parties de l'univers ne saurait en demeurer la dupe.

La destination des êtres est un déploiement et, pour ainsi dire, une affirmation continue de leur propre essence. L'homme se sent poussé à se conserver, à se maintenir, à demeurer soi. Dans ce but, il fait un effort continuel; dans ce but, il manifeste une activité constante; activité qui apparaît tour à tour, comme volonté, comme instinct, comme désir, mais toujours nécessairement déterminés par la nature même de l'être. Remarquons, en effet, que si nous voulons les choses, que si nous les désirons, que si nous nous sentons comme entraînés vers elles, ce n'est pas parce que nous les croyons bonnes, c'est, au contraire, parce que tout cela arrive que nous les croyons bonnes. Pratiquer la vertu, c'est seulement obéir aux instincts, aux impulsions générales de l'humanité; l'homme le plus vertueux est celui qui leur obéit le plus complètement, qui fait le plus d'efforts pour leur obéir, qui agit de plus en plus, qui, pour mieux dire, s'affirme de plus en plus comme homme. La vertu humaine est ainsi déterminée par l'essence même de l'humanité; elle est un effort de l'humanité pour persister dans la loi de son être. Le bien et le mal n'ont pas, en effet, de caractère absolu, déterminé, qui nous force à aimer l'un, à fuir l'autre : obéissant également à la tendance de leur nature intime, le bon fait le bien, le méchant fait le mal.

La connaissance de Dieu, voilà pour nous le souverain bien, le but vers lequel doivent s'élever les pensées de l'homme. Plus nous connaîtrons Dieu, c'est à dire la substance une, absolue, plus nous saurons nous conformer à ses lois. Or, tout ce que nous faisons et désirons dans ce but, c'est à dire en vue de Dieu, sous l'influence de l'idée de Dieu, par suite de la connaissance que nous en avons, tout cela constitue la religion : la religion est ce sentiment par lequel l'humanité cherche à s'élever jusqu'à Dieu, exprime son amour immuable et éternel pour Dieu. Disons mieux, la religion, c'est la manifestation d'une portion de l'amour infini que Dieu se porte à lui-même; la religion, c'est Dieu qui s'aime par l'organe du cœur et de l'intelligence de l'homme. Cet amour procure sans doute à l'homme une sorte de béatitude; mais cette béatitude ne saurait être considérée comme en étant la récompense; elle en est seulement l'apanage et la conscience. Elle est de plus le partage de tous les hommes : car, par cela même que tous expriment Dieu, tous peuvent exprimer cet amour de Dieu, tous peuvent atteindre au souverain bien, à la souveraine félicité.

Quand les hommes vivent en paix les uns avec les autres, quand ils obéissent aux lois de la raison, ils se sont réciproquement utiles. Mais, hors de la société, hors de l'état, il n'y a aucun moyen de vie commune; il n'y a ni repos, ni sûreté; il n'y a ni propriété, ni justice, ni protection pour le faible contre le fort; il n'y a aucun moyen de développement intellectuel, aucune possibilité de vivre suivant les lois de la raison et de la nature humaines. Loin de là : l'énergie des passions de l'homme peut se donner une carrière illimitée. L'homme est donc fait pour la vie sociale; il doit lui sacrifier les goûts et les penchans de la solitude. Dans cette voie, le but le plus élevé auquel il puisse tendre, c'est d'unir, par d'indissolubles liens, l'individu à la multitude, l'homme individuel à la société, de faire en sorte que chacun ne veuille faire, pour son propre intérêt, que ce qui profite à tous. En agissant de la sorte, les hommes ne seront plus conduits par leurs seuls caprices, ils cesseront d'être les jouets des choses extérieures, ils n'obéiront qu'à la raison, et se trouveront dans la pleine jouissance de leur ame. N'étant plus distraits par mille et mille intérêts passagers, ils auront la pleine conscience de Dieu et des choses éternelles; ils s'associeront, pour ainsi dire, dès ce monde à la vie éternelle; les lois politiques de l'état social où ils vivront ne seront plus qu'une sorte de reflet des lois éternelles de Dieu et de l'univers.

En résumé, au fond de la doctrine de Spinosa, c'est donc toujours l'identité de l'être et de la pensée, de l'essence et de la connaissance; c'est leur opposition venant, en définitive, se confondre au sein d'une substance une et absolue. Au moyen d'un effort gigantesque de la pensée, Spinosa se dégage, autant qu'il est donné à l'homme de le faire, du monde des apparences, du fini, du relatif, du conditionnel, et se plonge à loisir dans l'infini, dans l'absolu, dans l'inconditionnel.

Sous ce rapport, Spinosa représente parmi nous l'esprit oriental. On sait qu'il avait longtemps étudié les doctrines cabalistiques. Sous ses formules géométriques, sous le vêtement sévère de la science moderne, on croit parfois entrevoir dans ce qu'il écrit l'esprit des grands systèmes philosophiques et religieux de la Perse et de l'Inde. De part et d'autre c'est toujours le même dédain des notions sensibles, la même exaltation de la pensée, la même puissance d'imagination, la même méconnaissance du fini, la même tendance à l'anéantissement de l'activité humaine. Ce caractère de sa doctrine frappa, dès l'abord, ses contemporains; nous en appelons au témoignage de l'un d'eux, de Bernier.

La naïveté du vieux et pittoresque langage de cette époque, où les mots vont si bien à la pensée, l'expriment si complètement sans jamais la cacher, m'engage à citer le passage en entier. Je l'extrais du *grand Dictionnaire* de Bayle (1).

» Je m'en vais citer, dit ce dernier, un passage de M. Bernier, qui vous apprendra que le spinosisme n'est qu'une méthode particulière d'expliquer un dogme qui a un grand cours dans les Indes.

« Il n'est pas que vous ne sachiez, dit Bernier, la doctrine de beaucoup d'anciens philosophes touchant cette grande ame du monde, dont ils veulent que nos ames et celles des animaux soient des portions. Si nous pénétrions bien dans Platon et dans Aristote, peut-être que nous trouverions qu'ils ont donné dans cette pensée. C'est là la doctrine comme universelle des pendets, gentils des Indes; et c'est cette même doctrine qui fait encore à

(1) Tome 3, p. 2632.

présent la cabale des soufys et de la plupart des gens de lettres de Perse, et qui se trouve expliquée en vers persiens si relevés et si emphatiques dans leur *Goultchez-raz* ou *Parterre des Mystères*, comme ç'a été celle-là même de Fludd, que notre grand Gassendi a réfutée si doctement, et celle où se perdent la plupart de nos chimiques. Or, ces cabalistes, ou pendets indous que je veux dire, poussent l'impertinence plus avant que tous ces philosophes, et prétendent que Dieu, ou cet être souverain qu'ils appellent Achar, immobile, immuable, ait non seulement produit ou tiré les ames de sa propre substance, mais généralement encore tout ce qu'il y a de matériel et de corporel dans l'univers; et que cette production ne s'est pas faite simplement à la façon des causes efficientes, mais à la façon d'une araignée qui produit une toile qu'elle tire de son nombril, et qu'elle reprend quand elle veut. La création donc, disent ces docteurs imaginaires, n'est autre chose qu'une extraction et extension que Dieu fait de sa propre substance, de ces rets qu'il tire comme de ses entrailles, de même que la destruction n'est autre chose qu'une reprise qu'il fait de cette divine substance, de ces divins rets dans lui-même ; en sorte que le dernier jour du monde, qu'ils appellent Maperlé ou Pralea, dans lequel ils croient que tout doit être détruit, ne sera autre chose qu'une reprise générale de tous ces rets que Dieu avait ainsi tirés de lui-même. Il n'est donc rien, disent-ils, de réel et d'effectif de tout ce que nous croyons voir, ouïr ou flairer, goûter ou toucher ; tout ce monde n'est qu'une espèce de songe et une pure illusion, en tant que toute cette multiplicité et diversité de choses qui nous apparaissent ne sont qu'une seule, unique et même chose, qui est Dieu même ; comme tous ces nombres divers que nous avons de dix, de vingt, de cent, de mille et ainsi des autres, ne sont enfin qu'une même unité répétée plusieurs fois. Mais demandez-leur un peu quelque raison de cette imagination, ou qu'ils vous expliquent comme se fait cette sortie et cette reprise de substance, cette extension, cette diversité apparente, ou comme il se peut faire que Dieu n'étant pas corporel, mais Biapek, comme ils avouent, et incorruptible, il soit néanmoins divisé en tant de portions de corps et d'ames, ils ne vous paieront jamais que de belles comparaisons : que Dieu est comme un océan immense dans lequel se mouvraient plusieurs fioles pleines d'eau; que ces fioles, quelque part qu'elles pussent aller, se trouveraient toujours dans le même océan, dans la même eau, et que, venant à se rompre, leurs eaux se trouveraient en même temps unies à leur tout, à cet océan dont elles étaient des portions; ou bien ils vous diront qu'il en est de même de Dieu comme de la lumière, qui est la même par tout l'univers, et qui ne laisse pas de paraître de cent façons différentes selon la diversité des objets où elle tombe, ou selon les diverses couleurs et figures des verres par où elle passe. Ils ne vous paieront jamais, dis-je, que de ces sortes de comparaisons, qui n'ont aucune proportion avec Dieu, et qui ne sont bonnes que pour jeter de la poudre aux yeux d'un peuple ignorant; et il ne faut pas espérer qu'ils vous répondent solidement, si on leur dit que ces fioles se trouveraient véritablement dans une eau semblable, mais non pas dans la même, et que c'est bien une semblable lumière par tout le monde, mais non pas la même, et ainsi de tant d'autres fortes objections qu'on leur fait ; ils reviennent toujours aux mêmes comparaisons, aux belles paroles, ou, comme les soufys, aux belles poésies de *Goultchez-raz.* »

(Bernier, suite *des Mémoires sur l'empire du Grand-Mogol,* page 202 et suivantes.

Les idées de Mallebranche ne parurent pas elles-mêmes dénuées de toute analogie avec les systèmes philosophiques ou les religieux de l'Orient; c'est du moins l'assertion de Fontenelle, l'un de ses biographes.

« Tandis que le P. Mallebranche, dit ce dernier, avait tant de contradictions à souffrir dans son pays, sa philosophie pénétrait à la Chine, et M. l'Évêque de Rosalie l'assura qu'elle y était goûtée. Un missionnaire jésuite écrivit même à ceux de France qu'ils n'envoyassent à la Chine que des gens qui sussent les mathématiques, et les ouvrages du P. Mallebranche. Il est certain que cette nation tant vantée jusqu'à présent pour l'esprit paraît avoir beaucoup plus de goût que de talent pour les mathématiques, mais peut-être en récompense la subtilité dont on la loue est-elle celle que la métaphysique demande. Quoi qu'il en soit, M. de Rosalie pressa fort le P. Mallebranche d'écrire pour les Chinois. Il le fit en 1708, par un petit dialogue intitulé *Entretien d'un philosophe chrétien et d'un philosophe chinois sur la nature de Dieu.* Le Chinois tient que la matière est éternelle, infinie, incréée, et qu'un *Ly*, espèce de forme de la matière, est l'intelligence et la sagesse souveraine, quoiqu'il ne soit pas un être intelligent et sage, distinct de la matière, et indépendant d'elle. Le chrétien n'a pas beaucoup de peine à détruire cet étrange *Ly*, ou plutôt à en rectifier l'idée, et à la changer en celle du vrai Dieu. Il y a même cela d'heureux que le *Ly* étant, selon le Chinois, la raison universelle, il est tout disposé à devenir celle qui, selon le P. Mallebranche, éclaire tous les hommes, et dans laquelle on voit tout. »

Au reste, les idées de Descartes, de Mallebranche et de Spinosa ne peuvent manquer d'avoir entre elles de l'analogie.

Descartes avait nié la validité du témoignage des sens comme fondement de la science ; il s'était efforcé de placer la science sur une autre base : il avait pris la pensée comme point de départ; et de là, avait largement ébauché tout un système complet de philosophie. Mallebranche avait fourni de nombreuses preuves aux doutes de Descartes sur la validité de nos moyens de connaître. Mais il prenait, au sein même de Dieu, ce point de départ, que Descartes cherchait dans la pensée. D'ailleurs, il s'était surtout consacré à détruire par ses bases la science humaine. Spinosa profita des travaux de Mallebranche. Lui non plus ne voit ni la science, ni l'existence, dans le fini et le conditionnel ; comme ses prédécesseurs, il sort du monde du conditionnel et des apparences ; il remonte jusqu'à l'absolu, l'inconditionnel ; et c'est là qu'il trouve la racine de tout ce qui existe. Son argumentation est analogue à celle employée par Descartes, pour prouver l'existence de Dieu par l'idée que nous en avons.

Descartes avait été militaire (1) ; il avait

(1) Voir la note à la fin de l'ouvrage.

pratiqué le monde, suivi les cours et les armées. C'est après tout cela qu'il se retira dans sa solitude de Hollande, pour se livrer à ses méditations. Avant de réfléchir, il avait agi; avant de méditer sur les hommes, il s'était long-temps mêlé à eux; et se présente, par ce côté, comme un des types du caractère français. Arrêté par des obstacles tout matériels, la glace et la neige, confiné dans une méchante auberge de village, pendant qu'il revenait du couronnement de l'empereur et retournait à l'armée, il écrivit son admirable discours sur la méthode où se trouvent posés les fondemens de sa philosophie. A quelques pas de la retraite qu'il s'était choisie, naquit le Juif Benoît de Spinosa (1). Celui-ci, à l'aspect du monde extérieur, s'était comme replié sur lui-même. L'antiquité ne nous offre pas de vie plus sévèrement, plus rigoureusement philosophique. A dire vrai, ce n'est pas un homme, car il n'a rien des passions et des instincts de l'humanité; il n'a ni culte, ni nationalité; c'est une pensée

(1) Voir la note à la fin de l'ouvrage.

abstraite, qui doit vivre solitairement au sein de la réalité. A la distance des siècles, nous ne pouvons saisir ni un sentiment, ni une émotion sur ce visage impassible. Au milieu de Paris, Mallebranche vécut à peu près de même (1). Faible, maladif, dévoré du besoin de la méditation solitaire, Mallebranche non plus ne devait pas se mêler aux hommes; toute sa vie s'écoula entre les murs d'un cloître. Le grand évènement de sa destinée fut le hasard inattendu, qui plaça sous sa main le Traité de l'homme, de Descartes. Il fut dès lors entraîné, subjugué par la pensée de Descartes; il cessa de s'appartenir. Dans Spinosa, la pensée de Descartes se pose abstraitement dans le monde, elle s'efforce de l'enlacer de ses savantes formules; dans Mallebranche, cette même pensée tend au delà de la terre, s'en détache peu à peu, bat des ailes pour remonter au ciel et s'aller perdre au sein de l'essence divine.

Ces trois hommes ne diffèrent pas moins par

(1) Voir la note à la fin de l'ouvrage.

le style que par le caractère et la destinée. Descartes est mâle et simple, énergique et familier dans son langage; il monte et descend sans peine; les choses les plus sublimes et les choses les plus ordinaires, il les dit également bien. La forme géométrique plaît à Spinosa; sa pensée, exprimée en sévères formules, se pose en axiomes, se détaille en corollaires; les propositions de son livre se tiennent les unes aux autres, comme autant d'anneaux de fer ou d'acier; leur enchaînement est indestructible. Le style de Mallebranche est, au contraire, plein de grace, d'onction, de facilité; il coule de source et sans efforts; il est tout abondance et toute simplicité, mais aussi tout ame, toute puissance, toute magnificence; on y sent à chaque page je ne sais quel harmonique mélange de naïveté de cœur, de puissance de tête, de croyance inébranlée. Comme nous l'avons dit, ces trois hommes appartiennent pourtant à une même école, à une même doctrine; ils ne s'en trouvent pas moins étroitement unis par le lien de la pensée commune. Étrange phénomène, mais dont l'explication ressort pourtant de ce que nous avons dit au commencement de ce chapitre.

C'est que les idées peuvent être considérées indépendamment des hommes qui en sont l'expression ; c'est qu'obéissant à une force qui leur est propre, qu'elles tirent pour ainsi dire de leur propre fond, elles fournissent un développement continu en subissant de nombreuses transformations.

Le mouvement philosophique de l'Allemagne moderne, dont nous allons maintenant retracer l'histoire, vient tout entier à l'appui de cette assertion. Ainsi que nous le disions encore à l'endroit tout à l'heure cité, la philosophie allemande est sortie tout entière des philosophies, ou, pour mieux dire, de la philosophie de Descartes, de Mallebranche, de Spinosa ; car une sorte d'identité existe dans les systèmes de ces trois hommes. Or, cette philosophie est devenue le point de départ du développement philosophique de l'Allemagne ; elle est devenue une sorte de fonds commun ; on la retrouve plus ou moins dans les nombreux systèmes philosophiques qui se sont produits en ce pays depuis Leibnitz jusqu'à Hegel. Transportée en Allemagne, l'idée de Descartes, de Mallebranche et de Spinosa y prit tout à coup racine; elle y a cru et grandi. Passant à travers des phases diverses, revêtant successivement des formes variées; elle est enfin devenue cette magnifique plante du royaume des intelligences que nous appelons la philosophie allemande. Mais, sous ces formes nombreuses, elle conserve pourtant son individualité, par cette raison qu'elle est sortie d'un seul et même germe. Il y aura, de plus, entre les formes diverses sous lesquelles elle se sera tour à tour montrée, une liaison, un rapport nécessaire; les diverses phases de son développement sortiront nécessairement les unes des autres. La loi de continuité, loi souveraine dans le monde intelligible, comme dans le monde matériel, repousse toute création spontanée; elle n'admet que le développement et le mouvement progressifs.

Dans l'ensemble de ce grand mouvement de l'esprit humain, on peut marquer cinq périodes principales, on peut le diviser en cinq phases différentes.

A ces cinq périodes se rattachent autant de noms illustres; Leibnitz, Kant, Fichte, Schelling, Hegel.

Et ces cinq hommes expriment, en effet, l'ensemble des études philosophiques de l'Allemagne aux époques où ils vécurent.

Donc aussi, s'il était possible de faire sortir tout un système philosophique de leurs travaux divers, ce système serait bien vraiment la philosophie allemande tout entière.

Or, c'est là précisément la tâche que nous voudrions avoir accomplie. Nous nous sommes proposé de faire sortir, des travaux divers des hommes que nous venons de nommer, un système qui eût unité, ensemble, continuité de développement; en un mot, qu'il nous fût permis d'appeler philosophie allemande. Dans ce but, nous n'avons point analysé l'un après l'autre leurs ouvrages divers; nous nous sommes, au contraire, efforcé de reproduire la forme et l'ensemble de leurs systèmes, comme si chacun d'eux l'eût ainsi coulé d'un seul et même jet. Nous n'avons pas décrit pièce à pièce, un à un, les matériaux qu'ils nous ont laissés; nous nous sommes efforcé de relever l'édifice que chacun avait dû, sans doute, se proposer de construire, seulement de le relever sur de moindres proportions. Nous avons voulu, enfin, agir pour les cinq systèmes par rapport les uns aux autres, comme nous avions agi pour chacun d'eux à l'égard des parties qui le composent; c'est à dire, les montrer dans leur unité, dans leur ensemble, dans la continuité de leur développement.

Nous jetterons aussi les yeux sur le *milieu* au sein duquel s'accomplissait le développement progressif de l'idée philosophique.

Entendons par là qu'il serait essentiel de dire quelques mots de l'état politique et littéraire de l'Allemagne aux diverses époques citées. Le botaniste qui décrit une plante ne saurait manquer de mentionner les circonstances de terrain ou de climat au milieu desquelles se plaît cette plante.

En raison du mouvement progressif inhérent à toutes les choses de ce monde, la littérature et l'institution sociale subissaient certaines altérations en Allemagne, en même temps que s'accomplissait cette évolution de l'idée philosophique. Après Leibnitz, l'Allemagne avait fait quelques efforts pour s'approprier les littératures étrangères; avec la philosophie de Kant, une nouvelle ère littéraire, toute nationale, naquit pour elle. D'immenses événemens politiques bouleversèrent son antique constitution; l'invasion étrangère l'inonda plusieurs fois. A la fin de ce mouvement, l'équilibre de l'Europe fut assis sur des bases nouvelles. Ce sont là ces altérations du milieu social dont nous parlions tout à l'heure, qu'il n'est pas sans importance de signaler. Nous nous contenterons d'ailleurs d'établir entre ces deux ordres de choses si différens, la culture philosophique et l'état politique du pays, un simple rapport de simultanéité.

Peut-être, en effet, serait-il par trop téméraire d'oser davantage. Nous n'essaierons pas de saisir dans leur intimité le mouvement philosophique et le mouvement social. Nous ne tenterons pas de montrer comment, tout étrangers qu'ils puissent paraître l'un à l'autre, tous deux pourraient bien n'être au fond que deux faces diverses d'une seule et même idée résidant dans l'essence même du génie national.

LIVRE Ier.

LEIBNITZ.

ARGUMENT.

COUP D'OEIL GÉNÉRAL SUR LA PHILOSOPHIE DES 15e, 16e ET 17e SIÈCLES.

LEIBNITZ.

UNIVERSALITÉ DE SON GÉNIE. — POINT DE DÉPART DE SON SYSTÈME. — LES MONADES. — SUBSTANCES SIMPLES ET COMPOSÉES, ÉTENDUE, MOUVEMENT, ESPACE, CORPS, PERCEPTIONS DES MONADES. — FORCE INTÉRIEURE INHÉRENTE AUX MONADES. — HARMONIE PRÉÉTABLIE. — DE LA NATURE DES ÊTRES. — DES ANIMAUX ET DE LEURS TRANSFORMATIONS. — LA SCIENCE HUMAINE, NATURE DE L'ESPRIT HUMAIN. — DU BIEN, DU MAL, DU PÉCHÉ, GOUVERNEMENT DE DIEU. — LANGUE UNIVERSELLE. — CALCUL INFINITÉSIMAL. — IDÉES POLITIQUES DE LEIBNITZ. — CARACTÈRE ÉMINEMMENT CONCILIATEUR DE SA PHILOSOPHIE.

PHILOSOPHIE MATÉRIALISTE
EN OPPOSITION A CELLE DE LEIBNITZ.

UN MOT SUR L'ÉTAT POLITIQUE DE L'EUROPE A L'ÉPOQUE OU VÉCUT LEIBNITZ.

LIVRE I.

Le mouvement de l'intelligence et de la civilisation fut continu pendant la durée des xve, xvie et xviie siècles. Ces siècles donnèrent naissance à de grandes idées, à de grands évènemens; ils virent se développer les résultats les plus essentiels des grands évènemens des siècles précédens.

Les croisades avaient mis en contact des peuples séparés, depuis bien des siècles, dans l'histoire alors connue; grâce à elles, l'Orient et l'Occident s'étaient retrouvés en présence. L'imprimerie répandit les connaissances jusque-là renfermées dans quelques savans sanctuaires; elle avait donné à la science l'air, le jour et, pour ainsi dire, le mouvement. Quelques fugitifs de Contantinople, venus s'asseoir aux foyers des Médicis, devaient payer d'un bien haut prix l'hospitalité généreuse qui les accueillait, ils apportaient un trésor ; les œuvres de Platon dans leur langue originale, c'est à dire toute une révélation de la Grèce. La poudre avait changé tout à coup les armes et le système de guerre jusque-là pratiqué. Les classes moyennes apparaissaient, au même moment, sur la scène du monde ; cette nouvelle et terrible arme à la main, elles venaient réclamer droit de bourgeoisie dans la cité sociale. Qu'elles étaient loin de se douter, toutefois, qu'à elles seules appartenait exclusivement l'avenir ! La hiérarchie sacerdotale avait été brisée sous les coups de Luther ; le trône pontifical en demeurait ébranlé jusque dans ses fondemens. Luther ne se proposait peut-être qu'une réforme, mais son œuvre avait dépassé ses prévisions ; il avait anéanti l'autorité ; à ce principe jusque-là accepté de tous, révéré de tous, il avait substitué un principe nouveau, celui de liberté. Des guerres terribles avaient laissé l'Europe inondée de sang, couverte de débris, toute chancelante sur des bases nouvelles; les conditions de son équilibre avaient été complètement altérées. Le nouveau monde était apparu à l'Europe, les abîmes de l'Océan avaient cessé de nous le dérober. L'esprit humain ne pouvait point rester inactif en face de l'univers agrandi par ses efforts, il devait tendre à se mettre en proportion avec le théâtre où il était appelé à manifester son activité. De là tant de tentatives couronnées de succès, tant d'immenses découvertes en tout genre, tant de grands hommes dans les sphères les plus diverses.

La philosophie devait participer à ce mouvement; elle le devait plus peut-être que toute autre branche des connaissances humaines. Toutefois, en raison des limites que nous nous sommes imposées, nous nous bornerons aux traits principaux de son histoire spéciale.

La scolastique, c'est à dire la philosophie

fondée sur les opinions d'Aristote, avait longtemps régné en Europe; elle avait en sa faveur l'autorité de la tradition, l'absence des idées nouvelles. Les écrits de Platon furent pourtant étudiés avec une ardeur inimaginable; nous avons dit comment ils arrivèrent en Europe. La scolastique fut attaquée en leur nom; les formes arides et barbares de cette philosophie ne pouvaient plus satisfaire des esprits qui avaient goûté de l'art grec. Grâce à cette impulsion, les autres grands systèmes de la Grèce, même ceux de l'Orient, furent aussi étudiés. Alors se fit, d'un côté, une alliance entre la cabale, le gnosticisme et les doctrines de Platon; de l'autre, entre les divers systèmes de l'école ionienne et la philosophie d'Aristote.

La philosophie de Platon fut surtout goûtée en Italie, où elle avait rencontré le noble patronage des Médicis; à Florence, elle devint une sorte de religion, mais elle s'y montra plus habituellement sous la forme dont elle fut revêtue par l'école d'Alexandrie, que sous celle qu'elle avait eue en sortant des mains de Platon. Elle recélait assez de poésie pour agir puissamment sur les imaginations du Midi.

Le cardinal Nicolas (1) Cusanus (1401 à 1464) reproduisit sous forme mathématique les opinions de Pythagore; il cherchait à expliquer par les propriétés du nombre trois le mystère de la Trinité. Marsile Ficin, médecin de Florence, fut le partisan de la philosophie platonicienne le plus utile à sa cause; nous lui devons d'élégantes et fidèles interprétations de Platon, de Plotin, de Proclus; orthodoxe, il se proposait pour but principal de sceller une alliance intime entre la philosophie de Platon et la religion catholique. Jean Reuchlin embrassa les mêmes idées. Le fameux Paracelse fit un assemblage bizarre des sciences les plus diverses : il fondit ensemble la chimie, le mysticisme, la cabale et les doctrines platoniciennes. L'harmonie universelle des choses, l'influence des astres sur le monde terrestre, l'emprisonnement des esprits dans les divers objets de la nature, sont la base de

(1) Nicolaus Chrypffs de Cuss (d'où Cusanus) dans le pays de Trèves. (Voir Tennemann.)

ses idées; on n'ose dire de son système : le hasard ou le caprice semblent avoir seuls présidé à leur assemblage. L'astrologie et la cabale trouvèrent encore dans Jérôme Cardan un adepte demeuré célèbre.

Les doctrines d'Aristote conservaient pourtant de nombreux disciples; la possession de ses ouvrages dans leur langue originale avait excité à les étudier avec encore plus d'ardeur qu'on ne l'avait fait jusqu'alors. Dans les XVe et XVIe siècles, ses partisans se divisèrent en deux grandes écoles : les Averrhoïstes suivaient les interprétations d'Averrhoès, les Alexandristes tenaient pour celles d'Alexandre d'Aphrodise. Parmi ces derniers, se présente au premier rang Pierre Pomponat, de Mantoue. A leur début, Luther et Melanchton s'étaient montrés hostiles à la philosophie d'Aristote; plus tard, Melanchton revint à cette philosophie, et peut-être est-ce en grande partie à l'autorité de ce réformateur qu'Aristote dut la domination qu'il conserva dans les universités protestantes, domination encore existante vers le milieu du XVIIe siècle. Pierre Ramus essaya de mettre en usage une philosophie de forme plus intelligible; il paya de sa vie cette tentative. Dans la dernière moitié du XVIe siècle, le stoïcisme se releva quelques instans; il eut pour organe principal Juste-Lipse, qui se proposait de préparer ses lecteurs à l'étude et à l'intelligence de Sénèque.

Au milieu de cette résurrection des philosophies antiques, apparaissent bien aussi çà et là divers essais de philosophie originale. Si l'esprit humain ne se dégage jamais complétement de la tradition, jamais non plus il ne renonce entièrement à l'innovation. Grâce à la marche ascendante et continue de la civilisation, au XVIe siècle il ne pouvait déjà plus tenir tout entier dans aucun des systèmes de la philosophie grecque.

Les mathématiques avaient fait d'immenses progrès auxquels avaient participé les autres sciences. L'astronomie avait été bouleversée et tout aussitôt recréée par Copernic : en dépit des apparences, Copernic avait lancé dans l'espace notre globe terrestre et enchaîné le soleil immobile au centre du monde. La science sublime de Kepler avait été comme un merveilleux alliage de cette science primitive de l'antiquité, qui procédait par inspiration, et de cette science moderne qui mesure, compare, analyse; ses trois grandes lois, qu'on dirait empruntées aux théories de Pythagore, contiennent en même temps le germe des grandes découvertes de Newton. Galilée avait calculé la chute des graves et achevé la démonstration du mouvement diurne de la terre. Torricelli avait deviné la pesanteur de l'air. Dans un autre ordre de choses et d'idées, le mouvement de la pensée n'était pas moins incessant; dès la fin du XVIe siècle, dans le cours du XVIIe, se manifeste un grand besoin de fondre dans une unité systématique et rationnelle tout l'ensemble de nos connaissances. Les esprits distingués de cette époque se préoccupent vivement de Dieu, de l'immortalité, de la liberté humaine, du mal, etc.; en un mot de toutes les questions métaphysiques. Ils ont en même temps une tendance de plus en plus marquée à cesser de voir dans la révélation la seule et unique source de la connaissance philosophique.

Deux grands génies, Bacon et Descartes, terminent ce mouvement. Déjà nous avons parlé de Descartes, et quant à Bacon, comme il demeura étranger à la philosophie allemande moderne, nous nous bornerons à une seule remarque à son sujet. Au siècle de Bacon, les nobles croyances du spiritualisme étaient encore pleines de force et de vie; l'exagération était plutôt de ce côté qu'en sens opposé. Il était naturel que Bacon combattît ce qu'il y avait de faux et de funeste dans cette exagération. Il vanta donc l'expérience, l'observation. Il devint ainsi le fondateur de la philosophie expérimentale, c'est lui qui dit ce mot si souvent répété par une certaine école : « Ce n'est pas des ailes qu'il faut attacher à l'intelligence humaine, ce sont des semelles de plomb. » Redisons-le d'ailleurs; si Bacon essaya de substituer la philosophie de l'expérience et de l'observation à une philosophie plus haute et plus élevée, il faut se rappeler l'époque où il vivait. Quoi qu'il en soit, c'est de Bacon (né en 1561, mort en 1626) que relève la philosophie française du XVIIIe siècle; la philosophie allemande à la même époque relève de Descartes agrandi et complété par Spinosa.

Contemporain de Bacon, Thomas Campanella se livrait à une entreprise analogue à celle du chancelier d'Angleterre. Lui aussi voulait fonder la philosophie sur l'expérience et l'observation de la nature. D'un autre côté, l'insuffisance reconnue de la scolastique aristotélique, en ce qui concernait les sciences naturelles, amenait la résurrection de certains systèmes de l'école ionienne. Claude de Guillimert (1578-1667) proposait une doctrine fondée sur les atomes. Daniel Sennert (1572-1637) essayait de remettre en honneur les principes de Démocrite. Gassendi (1592-1655) se classait parmi les adversaires de Descartes, en entreprenant la résurrection de la philosophie épicurienne.

L'activité des esprits se portait encore sur d'autres objets. Grotius (1583-1645) mettait au jour toute une science nouvelle du droit et de la politique. Grotius posait comme point de départ quelques principes de droit naturel, puis il s'efforçait de montrer comment tous les peuples y avaient successivement donné leur adhésion; c'était la philosophie de l'histoire en germe. Hobbes (mort en 1679) faisait une tentative analogue ; il voulait fonder sur des bases philosophiques la science sociale. En philosophie relevant directement de Bacon, il s'en tenait comme celui-ci à l'expérience, à l'observation; en fait de méthode, il n'allait point au delà. Par sa philosophie pratique, il exerça une grande influence sur son siècle, ou, pour mieux dire, sur le siècle suivant. La supposition d'un état naturel antérieur à l'état social, où les hommes auraient long-temps vécu avant de se former en société, est son point de départ. Le plaisir et la douleur, le soin de sa propre conservation, voilà, selon Hobbes, les seuls mobiles de l'homme. Tous les moyens propres à atteindre ce but sont légitimes; le choix et l'emploi de ces moyens n'ont d'autre règle que le jugement de celui qui les met en œuvre. De là l'inévitable nécessité de la guerre dans l'état de nature; de là aussi la nécessité d'établir la paix, ou la société, au moyen des contrats; or, le moyen le plus efficace de parvenir à ce but (au point de vue de Hobbes), c'est de remettre le pouvoir entre les mains d'un seul, chargé de prévenir ou de réparer tous ces désordres. Le pouvoir sans limites dans les mains d'un chef, l'obéissance absolue de la part des sujets, voilà, en deux mots, les conditions nécessaires, *sine quâ non*, de toute société.

Contemporain de Hobbes, le lord Édouard Herbert de Cherbury, suivant une direction opposée, s'efforçait, au contraire, de créer une philosophie toute religieuse, toute spiritualiste. Son enseignement n'eut que peu de retentissement.

A la même époque, un médecin, Jean-Baptiste Van-Helmont (1577-1644), alliait le mysticisme à l'étude des sciences naturelles ; il cherchait à faire une philosophie du grand tout. Selon Van-Helmont, toute science, toute connaissance de l'intuition immédiate de a Divinité ; la nature entière est animée ; dans l'univers sont enfermées, emprisonnées des substances spirituelles qui se manifestent à nous sous la forme de puissances naturelles. Van-Helmont faisait sortir toutes choses de l'air et de l'eau. En Angleterre, les idées de Paracelse trouvaient un ardent sectateur dans le médecin Robert Fludd (1574-1637). En Allemagne apparaissait (1575-1624) le fameux

Jacob Bœhm. Bœhm cherchait dans la Bible l'explication du monde extérieur. Selon Bœhm, ce monde n'était autre chose que le relief, la mise en saillie d'un monde invisible caché dans son propre sein; la Bible, la tradition en étaient comme autant de révélations. La réputation de Bœhm fut immense dans son temps; le roi d'Angleterre envoya près de lui un savant, avec l'unique mission de le comprendre et de le traduire. De nos jours il a conservé de nombreux adeptes: le lecteur a déjà nommé le plus célèbre d'entre eux, le fameux Saint-Martin, le philosophe inconnu. Singulier spectacle, qui appelle tout à la fois admiration et sympathie. Voyez ce pauvre cordonnier; vous le croyez peut-être préoccupé des misères de son humble condition; mais, sur les ailes de l'inspiration, il voyage avec Platon dans les sphères les plus élevées du monde des intelligibles.

A la suite de tous ces noms, célèbres à degrés et à titres différens, se présentent ceux de Descartes, de Mallebranche, de Spinosa. C'est dans ce moment qu'il eût été opportun d'en parler, si nous n'eussions consulté que le seul ordre chronologique.

Mais on l'a vu, avant ce rapide coup d'œil jeté sur le mouvement de l'esprit philosophique dans les XVe, XVIe et XVIIe siècles, nous avons commencé par esquisser rapidement quelques uns des grands traits de leur système. Pour agir ainsi, nous n'avons pas manqué de motifs. La philosophie de Leibnitz, par conséquent la philosophie allemande tout entière, se trouvait en germe dans le cartésianisme; et, par ce motif, nous avons d'abord dit en quoi consistait ce germe. L'examen des autres systèmes antérieurs au cartésianisme, et dont Leibnitz put avoir connaissance, ne devait venir qu'après; ces systèmes, ces doctrines, ces opinions, sont seulement comme le terrain où a grandi ce germe, où il a développé, en s'en assimilant une portion, un mouvement progressif et continu que nous allons étudier dès à présent.

Dans sa jeunesse, Leibnitz ne montra d'inclination particulière vers aucun genre d'études; les plus diverses, en apparence les plus opposées entre elles, l'attiraient également.

Son père lui ayant laissé une bibliothèque considérable, il entreprit de la lire tout entière : poésie, histoire, éloquence, critique, philosophie, mathématiques, théologie; tout devient aliment à cet esprit insatiable. « Cette lecture universelle, nous dit un de ses plus spirituels biographes, jointe à un grand génie, le fit devenir tout ce qu'il avait lu. Pareil en quelque sorte aux anciens, qui avaient l'adresse de mener jusqu'à huit chevaux attelés de front, il mena de front toutes les sciences (1). » — « De plusieurs Hercules, ajoute-t-il un peu plus loin, l'antiquité n'en a fait qu'un; et du seul M. Leibnitz nous ferons plusieurs savans. »

L'universalité était, en effet, le vrai caractère du génie de Leibnitz. On peut s'en convaincre dès le premier coup d'œil jeté sur sa vie et ses travaux. Quelques difficultés de cérémonial s'élèvent-elles entre les princes libres de l'empire qui étaient électeurs et ceux qui ne l'étaient point, à l'époque de la paix de Nimègue, Leibnitz résout aussitôt ces diffi-

(1) Fontenelle, *Œuvres complètes*, t. 5, p. 491.

cultés. Historien de la maison de Brunswick, il parcourt l'Allemagne, visite les anciennes abbayes, fouille les bibliothèques des villes; des notes et des pièces justificatives amassées, dans ce but, il compose le *Codex juris gentium* (in-fol., 1693), véritable traité du droit des gens, précédé d'une préface, où sont opposés, avec une lumineuse clarté, tous les principes de cette science. En 1700, paraît un volumineux supplément à cet ouvrage. En 1707, c'est le premier volume in-fol.; *Scriptorum Brunswicensæ illustratium;* en 1710, 1711, deux autres volumes du même ouvrage, précédés d'une dissertation sur l'état de l'Allemagne, tel qu'il devait être avant le commencement de toutes les histoires connues. Pressentant, à la distance de plus d'un siècle, la science moderne, il devine, le premier, le rapport intime des langues et de l'histoire des peuples et des races. Grand jurisconsulte, il avait conçu, à vingt-deux ans, une méthode nouvelle pour enseigner et pour apprendre la jurisprudence. Il tire d'un récent et injuste oubli un philosophe autrefois célèbre, Nizolius de Bersello. Il écrit sur la physique générale.

Son seul nom rappelle l'immense découverte du calcul infinitésimal; aujourd'hui la question de priorité, définitivement jugée, nous laisse voir en lui un véritable inventeur, quand bien même son invention aurait été postérieure à celle de Newton. Il rend compte, il applique, jusque dans ses moindres détails, le gouvernement, on pourrait dire l'administration de Dieu. Il crée tout un système philosophique. Il est théologien dans le sens spécial, non pas seulement dans le sens général du mot. Il se livre à une ardente polémique contre Locke, écrivant contre lui ses nouveaux Essais sur l'entendement, et les écrivant en français, comme s'il eût voulu répondre par avance à l'empirisme du XVIIIe siècle, dans la langue même dont celui-ci devait se servir. Dans les Mémoires de l'Académie de Berlin, il apparait sous les formes les plus variées. Enfin, dans un magnifique ouvrage, intitulé *De la Science de l'infini*, il devait publier dans un seul corps de doctrines l'ensemble de ses spéculations métaphysiques et mathématiques. La mort arrêta l'exécution de ce grand projet.

Déjà nous l'avons dit plus d'une fois, le point de départ de Leibnitz est la philosophie de Descartes et de Spinosa.

Le système de Descartes ne lui semblait pourtant pas une solution complète et définitive du problème philosophique; seulement il en aimait la tendance, parce qu'elle était éminemment spiritualiste. Mais ce qui dans ce système lui plaisait au dessus de tout, c'était l'opposition où il était avec la philosophie matérialiste de Locke, qui, dès lors, commençait à devenir à la mode dans le monde savant. A son sens, la philosophie de Descartes ne constituait pas la meilleure philosophie possible, mais du moins la meilleure préparation possible à l'étude de la philosophie; lui-même en donnait cette définition; elle lui semblait l'imposant péristyle, non le sanctuaire du temple.

Toutefois, si la pensée toute seule est le point de départ de Descartes, c'est au contraire au sein de la réalité que se placera d'abord Leibnitz.

S'élançant de prime abord au delà de toute science humaine, Leibnitz s'occupe d'abord de chercher une substance simple dont la nécessité puisse être démontrée. Après cela il construit l'univers, dont il détermine les lois; il définit Dieu, établit les rapports de Dieu au monde et du monde à Dieu; il décrit les rapports de l'ame et du corps, il explique l'harmonie entre eux préétablie; il dit la liberté morale, l'origine et l'essence du péché, la révélation, les miracles, l'accord de la religion et de la raison; il nous apprend à connaître, à comprendre le bien suprême. Tel est le vaste ensemble d'idées contenues dans les écrits de Leibnitz, et dont nous allons essayer de rendre compte. Nous nous hasarderons à dire en outre aussi quelques mots de ses immortelles découvertes mathématiques.

L'existence des substances composées au milieu desquelles nous vivons implique nécessairement celle des substances simples. Supposez, en effet, que la raison d'un être composé se trouve dans d'autres êtres composés, on se demandera d'où vient la composition de ceux-ci, et ainsi à l'infini. La raison de la composition des êtres composés doit donc se trouver ailleurs que dans des êtres composés : elle se trouve, en conséquence, dans des êtres qui ne seront pas composés, c'est à dire dans des êtres simples. Le simple est nécessairement le principe du composé; les êtres composés qui remplissent le monde se résolvent, en définitive, en d'autres êtres simples qui en sont les derniers et indivisibles élémens. On peut dire, d'après cela, que tout ce qui est est un, ou collection d'unités; on peut dire encore que ce qui est un ne saurait être collection d'unités, cela impliquerait contradiction. De là le nom de *monades* donné par Leibnitz aux êtres simples.

Les monades peuvent être créées ou anéanties, mais elles ne sauraient être ni dissoutes ni décomposées, elles ne sauraient subir d'altération quelconque. Elles ne peuvent pas davantage être modifiées par le changement de situation de leurs parties intégrantes. Le monde extérieur est à leur égard dépourvu d'action; en elles n'existent ni portes ni fenêtres (1) qui puissent lui

(1) Expression de Leibnitz.

donner accès. Elles n'ont ni étendue ni figure, ne peuvent occuper d'espace ou se trouver dans un lieu. Par la même raison, elles sont privées de mouvement, le mouvement n'est chose que l'occupation successive de plusieurs lieux par un même corps. L'étendue, le lieu et la figure ne pouvant les différencier les unes des autres, puisque toutes ces choses leur manquent, il en résulte qu'elles ne peuvent différer les unes des autres qu'au moyen de certaines propriétés, de certaines qualités qui leur soient inhérentes. En revanche, elles diffèrent inévitablement, nécessairement, les unes des autres par ces qualités, aucune d'elles ne saurait être absolument semblable à une autre. S'il en était autrement, si toutes étaient semblables, identiques, l'univers ne serait plus un composé de monades, mais une seule et unique monade. Décrivez autant de cercles que vous voudrez avec la même ouverture de compas, c'est à dire avec le même rayon, vous n'aurez, en définitive, tracé qu'un seul et même cercle.

Une agrégation, une collection de monades ne peut avoir des propriétés qui ne se trouveraient pas dans les monades qui la composent; car d'où tirerait-elle ces propriétés? où les prendrait-elles? Une collection de choses sans étendue ne saurait être douée d'étendue; une collection de choses sans formes et sans figures ne saurait être douée de formes et de figures; une collection de choses sans mouvement ne saurait engendrer le mouvement. L'agrégation ou la collection générale des monades, c'est à dire l'univers, ne saurait, par conséquent, avoir ni étendue, ni figure, ni mouvement; donc encore, toutes les choses qui n'existent qu'avec ces propriétés d'étendue et de mouvement, c'est à dire les corps, n'existent pas dans la réalité. Ils n'ont du moins qu'une existence purement phénoménale, analogue à celle des sens et des couleurs.

L'ensemble des corps, des choses matérielles, l'univers, ne jouit donc pas lui-même de cette réalité d'existence que nous sommes inévitablement portés à lui attribuer. Composé d'apparences et de phénomènes, lui-même n'est, en définitive, qu'une apparence, qu'un phénomène.

Nos propres perceptions sont distinctes les

unes des autres, nous nous trouvons conduits, par là, à distinguer entre elles les choses qui en sont l'occasion ; de plus, nous apercevons non moins nécessairement ces objets de nos perceptions hors de nous et hors les uns des autres, je veux dire dans l'étendue. Mais de ce phénomène on ne saurait légitimement induire que ces êtres et ces choses que nous voyons ainsi hors de nous et hors les uns des autres le soient réellement ; à la rigueur, cela pourrait bien ne pas être en dépit de toutes les apparences. Dans ces apparences, nous devons seulement voir la preuve de cette vérité : c'est que nos perceptions, pour être ce qu'elles sont, ont besoin de la supposition que les objets sont étendus et distincts les uns des autres. La même conclusion s'applique à toutes les autres propriétés dont nous nous trouvons inévitablement enclins à douer les corps. Il en est de même encore du mouvement. L'ordre dans lequel nous apparaissent les objets de nos perceptions persiste-t-il, ils nous semblent en repos ; cet ordre varie-t-il, ces objets nous apparaissent en mouvement ; mais tout cela est purement phénoménal ; la réalité des choses, qui seule fournirait la véritable explication des phénomènes, nous demeure cachée. Il en résulte qu'au lieu de conclure de la réalité aux phénomènes, ce qui serait le seul procédé rationnel, nous concluons des phénomènes à la réalité; les apparences sous lesquelles les corps se montrent à nous deviennent autant de réalités que nous leur attribuons.

Les êtres simples, les monades se combinent de diverses façons; un certain nombre d'entre elles se trouvent, parfois, à l'égard les unes des autres, dans des rapports tellement intimes, qu'elles semblent former un tout: c'est ce que Leibnitz appelle des agrégats de monades; agrégats qui se meuvent, diffèrent les uns des autres, changent de situation respective, se modifient sans cesse, etc., etc.

Toute modification qui survient dans le monde extérieur suppose une chose modifiée. Le mouvement, par exemple, c'est à dire le changement successif de lieu d'un même corps, suppose une étendue où se trouvent comprises les stations diverses de ce corps. En d'autres termes, une étendue qui se meut implique une étendue qui ne se meut pas;

une étendue mobile se rapporte nécessairement à une étendue immobile. La première nous donne l'idée des corps, la seconde celle de l'espace; sous la première forme, elle nous apparaît impénétrable, sous la seconde pénétrable; mais, sous l'une et l'autre, elle n'a, en définitive, qu'une existence purement phénoménale. En tant qu'immobile et pénétrable, l'étendue constitue l'espace. Elle constitue les corps en tant que mobile et pénétrable. En tant qu'ils existent dans l'étendue, nous nous représentons nécessairement les corps comme hors les uns des autres, comme ne se pénétrant point. Ils nous apparaissent comme se succédant dans un même lieu de l'espace, jamais comme l'occupant simultanément.

Mais y a-t-il donc des corps? *Non*, il n'y en a pas, si, prenant ce mot dans le sens vulgaire, on entend par corps une chose réellement étendue; *oui*, il y en a, si l'on entend par là une chose qui n'est étendue qu'en apparence; *oui*, il y en a, si l'on entend par corps une collection d'êtres simples au moyen de laquelle se manifeste, entre autres phénomènes, celui de l'étendue. Il y en a, si l'on entend par corps non des substances étendues, composées à l'infini de substances toujours étendues, mais bien des êtres simples et des collections d'êtres simples. En un mot, *oui*, il y a des corps, si nous entendons par ce mot des agrégats de monades.

A ce point de vue, il y a des corps et une multitude de corps, bien plus une multitude de genres ou d'espèces de corps. D'abord les monades diffèrent les unes des autres ; elles peuvent se combiner d'une infinité de façons les unes avec les autres; mais; en outre, chacune de ces combinaisons, chacun de ces agrégats de monades se trouve dans une infinité de rapports divers avec une monade dominante qui le gouverne, le régit, à laquelle les autres sont subordonnées. De là une autre cause de la diversité des corps et des êtres. L'agrégat de monades est le corps; la monade qui domine, gouverne, régit cet agrégat, en est l'ame, l'entéléchie. Tous deux sont intimement liés; ils le sont tellement, qu'il ne se passe rien dans le corps sans qu'une modification de l'ame n'y réponde, qu'il ne se passe rien dans l'ame qu'une modification du corps n'y réponde aussi nécessairement.

Jusqu'à présent les propriétés que nous avons attribuées à la monade consistent à n'être ni étendues, ni figurées, ni mobiles; elles sont, en un mot, purement négatives. Mais la monade a aussi des propriétés d'une autre sorte, c'est à dire de positives : ainsi, elle éprouve des changemens, elle subit des modifications diverses. La raison de ces changemens, de ces modifications, n'est pas dans ce qui lui est extérieur. En raison de la simplicité de son être, rien d'extérieur à elle ne peut pénétrer au dedans d'elle, ni rien de ce qui lui est intérieur ne peut s'en échapper. L'univers tout entier, c'est à dire l'assemblage complet de toutes les monades créées, ne saurait avoir la moindre prise sur une monade isolée. Entre les monades il n'y a ni action ni passion réciproque; les modifications subies par chacune d'elles ne lui viennent donc point du dehors.

Mais au dedans de chaque monade, dans l'intimité même de son essence, existe une force cachée; et cette force est le principe et la cause de toutes les modifications éprouvées par la monade, ou bien, en d'autres termes, de toutes les perceptions qu'elle aura. Ce qu'est en elle-même cette force, c'est pour nous chose inintelligible; il faut bien cependant qu'elle soit analogue à cet effort intérieur qui chez nous précède toute action. Aussi existe-t-il dans la monade une tendance perpétuelle à l'action, à une modification perpétuelle de soi-même, à une succession constante de perceptions diverses. Or, chaque monade étant une, la force intérieure qui la régit, étant également une, ne trouve aucun obstacle à son effort perpétuel vers l'action; il en résulte que la monade ne cessera jamais de se modifier. Elle traversera, pendant la durée de son existence, une série continue, jamais interrompue, de modifications successives.

Il y a sans doute une liaison entre les êtres simples, c'est à dire entre les monades, car il y en a une entre les diverses parties de l'univers, c'est à dire les phénomènes. Toutefois, ces monades n'agissent pas les unes sur les autres. La force intérieure par laquelle chacune d'elles est modifiée lui est tout à fait propre; les modifications que cette force lui fait éprouver sont parfaitement indépendantes des modifications produites dans les autres monades par des forces analogues. Les monades sont indépendantes les unes des autres; les corps, ou les agrégats de monades, le sont également; ils ne dépendent pas davantage de la monade dominante ou de l'entéléchie à laquelle ils sont unis. Certains rapports existent pourtant entre les différentes séries de modifications qui se passent dans l'ensemble des monades, c'est à dire dans l'univers; ces modifications concourent à une même fin, aboutissent à un but commun. De là une magnifique harmonie entre tous les phénomènes, entre tous les évènemens du monde.

La monade qui domine le corps humain, l'ame, éprouve successivement diverses modifications; ces modifications, elle les éprouverait de la même façon et dans le même ordre quand elle ne serait pas unie au corps. Les modifications que le corps éprouve, il les éprouverait de même et dans le même ordre quand il ne serait pas uni à l'ame. Dans le premier cas, ces modifications diverses découlent de l'essence même de l'ame; dans le second, de l'essence même du corps. Une relation intime n'en existe pas moins entre ces deux séries de modifications : les moindres modifications de l'ame répondent à des modifications du corps, les moindres modifications du corps à des modifications de l'ame. Les choses se passent absolument comme si elles étaient réciproquement produites les unes par les autres. Cela n'est pourtant pas ; ces modifications ne sont unies entre elles que par un simple rapport de succession, nullement par un rapport de causalité ; elles se correspondent et ne s'engendrent pas entre elles, il y a seulement harmonie.

Dieu est la cause de cette harmonie, car ces deux sortes de substances entre lesquelles existe cette harmonie découlent également de Dieu. Il a établi cette harmonie de toute éternité, non toutefois qu'il ait déterminé les modifications qui devaient survenir à l'une de ces substances pour les mettre d'accord avec celles qui devaient survenir dans l'autre ; mais, considérant l'ensemble des modifications qui devaient survenir dans l'ensemble des substances créées, il a uni entre elles celles où devait exister cet accord. Admettez qu'un automate soit substitué à votre laquais ; admettez que, par un miracle de la mécanique, cet automate fasse exactement tout ce que vous ordonneriez à votre laquais, dans l'instant même où vous l'ordonneriez ; il y aurait harmonie entre cet automate et votre volonté. Or, c'est une harmonie semblable qui se trouve exister entre l'ame et le corps ; bien plus, entre chaque monade et l'univers entier, entre chaque monade et l'infinie multitude des monades créées. Tel ou tel corps n'est figuré de telle ou telle façon que parce que le reste de l'univers l'est lui-même de telle ou telle autre. Telle bille ne roule dans tel sens, avec telle vitesse, qu'en conséquence de tous les autres mouvemens qui ont lieu dans le reste de l'univers.

Ce rapport intime de toutes les parties de l'univers entre elles établit une connexité nécessaire entre ce qui se passe dans la moindre partie de l'univers et le reste de l'univers; le moindre atome s'y trouve en relation avec le tout. L'action d'un corps ne se communique pas seulement aux autres corps avec lesquels il est en contact immédiat, elle s'étend au monde entier. En tant qu'elles existent indépendamment les unes des autres, en tant qu'elles n'ont à l'égard les unes des autres aucune réciprocité d'action, les monades ne pourraient, nous le répétons, produire aucun effet semblable, avoir entre elles cette liaison; mais, en raison de l'harmonie préétablie, les choses se passent absolument comme si cette intime liaison existait. A vrai dire même, cette liaison existe; seulement elle est idéale, au lieu d'être matérielle et réelle comme nous nous trouvons inévitablement portés à le supposer.

Des substances simples ne sauraient, en effet, agir les unes sur les autres autrement que d'une façon idéale; il n'en saurait sortir d'effet réel. Si cela est, ce ne peut être que par l'intervention de Dieu.

Entendons par là que dans les idées de Dieu chaque monade réclame, exige que Dieu, tout en ordonnant l'ensemble de la création, ait attention à elle. Leur ayant refusé l'action effective à l'égard l'une de l'autre, il a bien fallu que lui-même les coordonnât les unes par rapport aux autres. De là vient que l'activité et la passivité dans les substances sont réciproques : car c'est en comparant deux substances entre elles, en examinant leurs rapports divers, que Dieu se détermine à subordonner l'une à l'autre. Chacune est subordonnée à toutes les autres ; toutes les autres sont coordonnées par rapport à chacune. Par là chaque monade se trouve en rapport avec la multitude des autres monades ; elle les exprime toutes ; elle est comme le miroir de la création, elle réfléchit l'univers.

Toute communication des choses entre elles s'étend à travers un espace illimité. Tout corps ou, pour mieux dire, toute molécule de corps se trouvant modifiée par ce qui se passe dans le reste de l'univers, on ne saurait assigner de limites à cette faculté représentative des monades. En vertu de leur essence propre, en vertu de cette force qui est en elles, toutes tendent, au contraire, à représenter l'univers. La faculté représentative des monades embrasse donc et remplit l'univers. De la sorte, chaque monade se trouve nécessairement et perpétuellement modifiée ; il faut qu'elle le soit, afin d'exprimer, de représenter toutes les différences d'état, toutes les modifications qui surviennent dans le reste de l'univers. De plus, comme toutes choses sont liées entre elles dans la durée aussi bien que dans l'espace, il en résulte que l'état de la monade dans un instant donné est lié tout à la fois avec un passé qu'il résume, avec un avenir qu'il contient, dont il est gros. La modification actuelle d'une monade représente, par conséquent, l'univers tout entier dans le passé, dans le présent, dans l'avenir. En chaque monade l'espace est concentré dans un point, la durée dans un instant.

La représentation de l'univers n'est pas uniforme, n'est pas identique à elle-même dans toutes les monades. Chacune représente l'univers d'un point de vue différent ; or, l'univers représenté par telle monade ne peut manquer de différer par quelques points de l'univers représenté par telle autre monade. On peut donc dire que, rigoureusement parlant, il y a autant d'univers représentés que de monades représentatives de l'univers. C'est ainsi qu'une même ville, considérée de points de vue différens, apparaît sous autant d'aspects divers; il y a, pour ainsi dire, autant de villes que de spectateurs à ces différens points de vue.

La raison de cette diversité dans la représentation des monades est facile à concevoir. Un corps fort composé ne saurait être immédiatement représenté dans un être simple; il sera d'abord représenté dans un corps moins composé qu'il ne l'est lui-même; ce corps dans un autre qui le sera encore moins et ainsi de proche en proche, jusqu'à ce que la chaîne de ces représentations successives aille enfin aboutir à quelque être tout à fait simple. Dans la moindre portion de matière se trouvent enfermés une infinité de corps tous plus petits les uns que les autres, tous décroissant par des amoindrissemens infiniment petits, jusqu'à celui qui a le rapport le plus immédiat avec l'être simple, c'est à dire avec la monade. Donc aussi c'est au moyen de son union avec ce dernier corps que la monade se trouve représenter l'univers entier. Remarquons toutefois que la monade ne représente distinctement que les seules parties de l'univers avec lesquelles elle se trouve en rapport immédiat, seules représentations dont elle ait conscience, et que nous appellerons perceptions. S'il en était autrement, si la monade apercevait distinctement l'univers dans son ensemble et dans ses détails, si elle percevait distinctement les rapports des choses entre elles, la monade aurait la science divine, mieux encore ; la monade serait Dieu.

Mais cela ne saurait être. Les perceptions de la monade ne sont pas toutes également distinctes ; elle n'a pas une conscience égale de toutes. Les unes se présentent avec plus de netteté, plus de clarté que d'autres. Il en est certaines autres dont elle n'a même nullement conscience, quoiqu'elle-même les produise au moyen des modifications perpétuelles qu'elle subit. La condition nécessaire de la clarté des perceptions serait que la monade pût les décomposer jusque dans leurs élémens intégrans ; or, la monade n'est pas douée de cette faculté. La monade se trouve à l'égard de l'univers comme nous sommes à l'égard d'un concert : nous avons une perception claire de l'ensemble, du bruit du concert, nullement celle de tel ou tel instrument. Cette dernière perception s'anéantit dans la perception générale, comme le bruit de l'instrument en question dans le bruit de tous. Des multitudes de perceptions se présentent à la monade, mais le plus grand nombre de ces perceptions n'arrive pas à sa conscience. Chaque monade peut à peine saisir un petit nombre de perceptions générales, où sont venues se confondre un plus grand nombre de perceptions particulières ; ces dernières lui échappent. Toute perception est même tout à la fois claire et obscure pour la monade : elle est claire en tant que la monade en a conscience ; elle est obscure en tant que la monade se trouve dans l'impossibilité de discerner toutes les perceptions secondaires dont cette perception est composée. Aussi peut-on dire de toute perception qu'elle est d'autant plus claire qu'il est possible d'y distinguer un plus grand nombre d'élémens.

Si loin cependant que cette décomposition soit poussée par la monade, la monade ne saurait arriver à des perceptions absolument simples. D'un autre côté, la monade ne peut pas saisir les perceptions par trop composées ; elle n'en saisit du moins qu'une partie ; l'infiniment petit et l'infiniment grand lui échappent également. Chacune des perceptions de la monade est une sorte de nœud où viennent se rattacher les unes aux autres une multitude de perceptions d'un ordre inférieur. Mélange-t-on plusieurs poudres de couleurs différentes, il en résulte une poudre nouvelle, d'une couleur mixte, où toutes les autres se sont confondues. C'est ce qui arrive pour les perceptions de la monade. Ainsi, bien qu'il soit certain que l'univers se retrouve tout entier dans chacune des perceptions de la monade, il ne l'est pas moins que la monade ne sait y découvrir qu'une fort petite portion de cet univers. La monade, tout en réfléchissant la totalité des choses, n'en saisit qu'une petite partie ; elle perçoit le phénomène, la réalité lui échappe.

Aux différens degrés de clarté des perceptions de la monade correspondent les diverses espèces, les diverses sortes de monades. Les monades s'élèvent d'autant plus haut dans la hiérarchie des choses créées, qu'elles ont un plus grand nombre de perceptions, et qu'elles les ont avec plus de clarté ; c'est par là seulement qu'il est possible de les différencier. Dans les unes, les perceptions sont totalement obscures : ce sont les entéléchies ; dans les autres, les perceptions ont plus de clarté : ce sont les ames ; dans d'autres elles se manifestent avec plus de clarté encore : ce sont les ames raisonnables ; et dans ces dernières les perceptions deviendront de plus en plus distinctes à mesure que ces ames s'éleveront à un état supérieur à leur état actuel. Malgré ce progrès, les monades n'arriveront jamais à un tel degré de clarté dans l'analyse de leurs perceptions, qu'il leur soit donné de décomposer vraiment celles-ci jusque dans leurs derniers élémens, de discerner bien complètement tous les rapports qu'elles ont entre elles. Cela ne serait rien moins qu'une science divine, qui, par conséquent, ne peut appartenir qu'à Dieu.

Au sein de chaque monade réside une force propre à cette monade, où se trouve le principe, la cause de toutes les modifications qu'elle subit. L'agrégation d'un certain nombre de monades constitue ce que nous appelons un corps. L'ensemble, la combinaison des forces de ces monades composant le corps, constituent la force de ce corps, et cette force nouvelle est, à son tour, le principe et la cause de tous les changemens, de toutes les modifications subis par ce corps : changemens et modifications que nous attribuons à ce que nous appelons sa nature. La réunion de toutes ces forces constitue le principe actif de la nature, la force générale qui régit l'univers. Souvent elles paraîtront se contrarier réciproquement, se faire mutuellement obstacle. En raison de l'harmonie générale des choses, elles n'en concourront pas moins à un même but, à une même fin.

Un agrégat de monades reçoit le nom de corps organisé, quand toutes ses parties sont tellement en harmonie qu'elles concourent à une même fin. Le corps humain est le type d'organisation le plus remarquable; il n'est pas une seule de ses parties (je dis la moindre) qui ne concoure à transmettre à l'âme telle ou telle perception du monde extérieur. Les monades unies à d'autres corps le sont de la même façon; la monade qui régit tel ou tel corps régit, gouverne en maîtresse telle ou telle quantité d'êtres simples monades. Dans la nature rien n'est mort, tout est, au contraire, vie, animation; il n'est pas de simple molécule de matière où ne soit contenu tout un monde de créatures animées. A la vérité, chez le plus grand nombre la vie est engourdie, à peu près comme elle l'est pendant l'hiver chez certains animaux. A proprement parler, il n'y a donc ni naissance, ni mort : la conception, la génération, la destruction, ne sont que métamorphoses, que transformations, que transitions, pour mieux dire, par lesquelles la monade passe d'un état à l'autre. Par là, les agrégats de monades se composent et se décomposent incessamment : tantôt la monade dominante de tel ou tel agrégat se trouve abandonnée d'une partie ou de la totalité des autres monades dont elle était le centre; tantôt elle s'en assimile de nouvelles, qui viennent se joindre à celles qu'elle régissait déjà.

Du sein de ces métamorphoses et de ces transformations perpétuelles, tout tend à la perfection de l'univers dans son ensemble, à celle de chaque créature en particulier. A mesure que les corps organisés se développent dans l'échelle de la nature animée, on les voit transmettre aux monades qui les régissent des perceptions de plus en plus claires. Or, nous l'avons dit, le degré de clarté dans les perceptions de la monade est la vraie mesure de sa perfection; c'est là ce qui constitue la progression ascendante des êtres organisés. Les ames ne sont point créées en même temps que les corps : elles l'ont été avec le monde. Elles deviennent de plus en plus raisonnables à mesure que les corps auxquels elles se trouvent unies se développent eux-mêmes davantage. Réciproquement, elles ne sont point détruites par la mort terrestre; elles conservent leur personnalité, en passant à un autre état plus voisin de la perfection.

Citons, à ce sujet, quelques paroles de Leibnitz lui-même. Il établit d'abord que les perceptions de la monade sont distinctes, quand elles sont accompagnées de mémoire; que, de plus, il y a, dès lors, dans la monade, une ame qui, à son tour, peut s'élever jusqu'à la raison et devenir esprit. Il ajoute : « Il n'y a pas seulement de la vie partout, il y a aussi, pour les monades, une infinité de degrés de vie, se dominant plus ou moins les uns les autres. » Et plus loin : « Quand la monade a des organes si ajustés que, par leur moyen, il y a du distingué dans les impressions qu'ils reçoivent, et, par conséquent, dans les impressions qu'ils représentent, cela peut aller jusqu'au sentiment, c'est à dire jusqu'à une perception accompagnée de mémoire (à savoir dont un certain écho demeure long-temps pour se faire entendre dans l'occasion); et un tel vivant est appelé animal (1), et sa monade est appelée ame; et quand cette ame est élevée jusqu'à la raison, on la compte parmi les esprits. » Élévation dont le caractère consiste à se manifester par des actions toujours conformes aux règles éternelles de la raison et de la justice. Dans ce dernier cas, l'ame devient une imitation, une image de Dieu. « Alors, continue Leibnitz, il lui est donné de contenir virtuellement l'univers, comme Dieu le contient réellement; alors elle réflé-

(1) Il est sans doute inutile de rappeler au lecteur que l'ouvrage de *Leibnitz* dont nous extrayons ce passage fut écrit en français.

chit l'univers dans un miroir infiniment petit sans doute, mais où toutes les parties de cet univers n'en sont pas moins fidèlement représentées.

La science humaine découle d'une double source : de certaines vérités primitivement gravées dans notre esprit, puis, de certains faits immédiatement donnés par l'expérience.

L'édifice entier de la connaissance humaine repose sur deux principes qui en sont comme les fondemens : le principe de la contradiction et celui de la raison suffisante. En vertu du premier principe, deux propositions contradictoires ne sauraient être affirmées d'une seule et même chose; en vertu du second, rien n'arrive dans l'univers qui n'ait été déterminé par une cause, une raison jugée suffisante par l'esprit à produire le fait arrivé, la chose en question. Le premier principe sert à obtenir les vérités nécessaires; il met à même d'arriver, par la décomposition ou l'analyse, des vérités complexes aux élémens constitutifs de ces vérités. Les vérités contingentes sont, au contraire, obtenues par le principe de la raison suffisante, qui nous conduit, en définitive, à une raison dernière et absolue au delà du cercle de ces faits contingens. Le monde lui-même, le monde tout entier, en tant que l'ensemble de toutes les vérités contingentes et finies, doit donc avoir une raison suffisante. On ne peut concevoir, en effet, qu'une foule de hasards et de cas fortuits puissent se succéder dans un ordre toujours régulier; mais si cela n'est pas, c'est qu'il y a, au contraire, une raison suffisante à toutes choses, à tous rapports des choses entre elles. La supposition d'une substance éternelle, source et cause première de toutes les modifications du monde extérieur, devient dès lors nécessaire.

Nos sens nous sont nécessaires pour l'acquisition de nos connaissances positives et réelles, mais ils ne sauraient nous apprendre autre chose que des vérités particulières et individuelles. Or, quel que soit le nombre des exemples ou des cas particuliers conformes à une vérité générale, ils ne sauraient suffire à établir la nécessité de cette vérité.

Dieu est la raison dernière, universelle et suffisante de toutes choses; il les absorbe et les confond dans sa propre unité, leur source commune. Sa substance est universelle et nécessaire; elle ne dépend d'aucune autre; elle contient la somme des choses nécessaires et des choses possibles; hors d'elle il n'est rien. L'entendement divin est le lien, le fondement, la cause des vérités éternelles, ou des idées; s'il était possible qu'il cessât d'être, le réel, l'actuel, l'idéal au même moment cesseraient aussi d'exister. Dieu est parfait; il est la source de toute perfection, c'est de son sein qu'elle découle dans les créatures; leur imperfection dérive, au contraire, de leur nature propre, c'est à dire de la limitabilité de leur essence. Dieu est l'unité primitive et subsistante par elle-même, la raison absolue du monde et des choses.

L'infinie multitude des monades s'épanche et rayonne du sein de Dieu. Les monades n'ont d'autre existence que l'existence qu'elles puisent en Dieu; elles sont autant de limitations diverses de l'épanchement perpétuel, de la fulguration sans fin de l'essence divine; elles sont comme autant d'éclairs de la lumière éternelle. Par leur être et leur essence, les choses créées dépendent de la volonté de Dieu;

car tout ce qui existe a été créé par Dieu, tout ce qui subsiste est maintenu par Dieu.

L'existence des choses est même, jusqu'à un certain point, une création prolongée. La création n'a pas été l'œuvre de quelques instans : elle n'a jamais cessé, elle dure encore; elle consiste en une sorte de rayonnement de l'essence divine, analogue au rayonnement de la lumière du soleil. Source et principe des choses, Dieu recèle en lui de toute éternité leurs types et leurs modèles; il les combine et les modifie de mille façons; puis, en raison de son éternelle activité, il les réalise incessamment pour la meilleure fin possible.

Participant de l'essence divine, les monades sont des forces et des agens, mais des forces et des agens du deuxième ordre. Or, toute chose créée est douée de la faculté d'agir sur les autres choses créées, en raison de son degré de perfection; et au contraire, se trouve exposée à l'action de choses créées en raison de son imperfection. D'un autre côté, ainsi que nous l'avons déjà dit, la mesure de la perfection pour les monades se trouvant dans le plus ou le moins de clarté de leurs perceptions, il faut donc admettre que la monade est d'autant plus active, est douée d'une énergie d'autant plus forte, à mesure que ses perceptions s'éclaircissent; qu'au contraire elle décroît en force et en énergie à mesure que plus d'obscurité se mêle à ses perceptions. Mais, au milieu de l'action et de la réaction perpétuelles des choses les unes sur les autres, se manifeste incessamment la suprême sagesse de Dieu.

Obtenir la plus grande diversité réunie à la plus complète uniformité, obtenir dans l'univers la plus grande somme possible de perfections, ou bien, en d'autres termes, créer le meilleur des mondes possibles, tel est le problème dont Dieu ne cesse pas de se proposer la solution.

Un des grands moyens par lesquels Dieu atteint ce but est cette loi de continuité qui fait que toutes choses se tiennent dans l'espace et dans le temps. Cette loi de continuité n'est, sous quelques rapports, qu'une nouvelle face du principe plus général de la raison suffisante. Admettons-nous, en effet, que rien ne se fasse sans raison suffisante, il faudra bien admettre aussi que l'état actuel d'un être créé a sa raison dans un autre état qui l'a précédé, celui-ci dans un autre, et ainsi à l'infini. Il en sera de même de sa situation dans l'espace, de toute sa manière d'être : force sera d'admettre que cette situation a été déterminée par la situation des êtres qui l'avoisinent, que sa manière d'être a de même été déterminée par celle de ces autres êtres ; ainsi jusqu'aux dernières limites de la création. Rien ne s'opère donc par saut, par bond dans la nature ; un être quelconque ne diffère jamais que par des nuances infiniment petites des autres êtres qui l'avoisinent dans l'échelle de la création.

Au nom de ce principe, Leibnitz avançait cette proposition : *qu'on découvrirait un jour des êtres qui, par rapport à plusieurs propriétés, par exemple à celle de se nourrir et de se multiplier, pourraient passer pour des végétaux à aussi bon droit que pour des animaux*. L'observation a depuis confirmé le pressentiment de Leibnitz. Dans le monde idéal, cette loi règne aussi bien que dans le monde physique. Les perceptions naissent, en effet, les unes des autres, et du fond même de l'ame ; toutes les perceptions sont nécessairement enchaînées les unes aux autres. Dans ce monde, où elle est liée à notre corps, l'état de l'ame se lie à son état avant notre vie; après la mort, l'état de l'ame se liera de même à son état pendant la vie. Tout se tient, tout s'enchaîne, tout s'explique ainsi réciproquement.

Citons un passage de Leibnitz de quelque importance sur cette continuité dans le temps: « Or, comme j'aime les maximes qui se soutiennent, et où il y ait le moins d'exceptions qu'il est possible, voici ce qui m'a paru le plus raisonnable en tout sens sur cette importante question. Je tiens que les ames, et généralement les substances simples, ne sauraient commencer que par création, et finir que par annihilation; et, comme la formation des corps organiques animés ne paraît pas applicable dans l'ordre de la nature, que lorsqu'on suppose une préformation déjà organique, j'en ai inféré que ce que nous appelons génération d'un animal n'est qu'une transformation et augmentation. Ainsi, puisque le même corps était déjà organisé, il est à croire qu'il était déjà animé et qu'il avait la même ame; de même que je juge *vice versâ* de la conservation de l'ame lorsqu'elle est créée une fois, que l'animal est conservé aussi, et que la mort apparente n'est qu'un enveloppement; n'y ayant point d'apparence que, dans l'ordre de la nature, il y ait des ames entièrement séparées de tout corps, ni que ce qui ne commence point naturellement puisse cesser par les forces de la nature (1). »

Toute entéléchie est le lien, l'unité du corps qu'elle domine. Ce corps ressemble à un ruisseau dont le cours est continuel : il reçoit et renvoie sans cesse de nouvelles molécules; comme la mer, il existe au moyen d'une sorte de flux et de reflux continuels; certaines parties s'en échappent, d'autres parties viennent s'y ajouter. Dans les corps animés, il se fait de la sorte une espèce de métamorphose constante; l'ame demeure immobile, son enveloppe extérieure se modifie perpétuellement. Mais, comme chaque corps organisé est vraiment un emblême, un résumé du monde, il faut voir dans les phénomènes d'un seul corps organisé, un emblême des phénomènes

(1) *Théodicée*, s. 90.

généraux du monde entier. Ainsi, bien que nous ayons parlé tout à l'heure de création et d'annihilation, à le prendre dans un certain sens, on peut dire aussi qu'il n'y a pourtant ni mort ni création; il y a seulement évolution ou non évolution, développement ou non-développement. Déjà formés avant leur union, cette union n'a été pour le corps et pour l'ame qu'une manifestation nouvelle de leur existence. Si l'animal périt, c'est seulement dans l'arrangement et la combinaison de ses parties extérieures : dans ses élémens intégrans il est indestructible et immortel. De temps à autre, il est vrai, l'ame déserte des organes hors de service, ou dont un choc violent l'a séparée, pour en prendre de nouveaux.

En dépit de leur union, au sein même de leur union, l'ame et le corps n'en obéissent pas moins aux lois qui sont propres à l'une ou à l'autre : l'ame obéit à la loi des causes finales, le corps à celle des causes effectives. L'ame et le corps s'accordent cependant dans leur activité; mais c'est que cet accord est le nécessaire et inévitable résultat de l'accord supérieur établi, de toute éternité, entre toutes les substances simples.

De grandes différences existent entre les ames; toutefois, en leur qualité d'ame, par cela seulement qu'elles sont ames, toutes réfléchissent également l'univers, elles en sont de fidèles images. Elles sont, en outre, les images de Dieu, elles le réfléchissent en sa qualité de créateur et de législateur des mondes; aussi sont-elles appelées à connaître, jusque dans ses moindres détails, le système du monde et les lois qui le régissent. L'ame est une partie de Dieu, pour mieux dire, une sorte de divinité; une communication perpétuelle existe entre elle et Dieu; elle est en lui et vit en lui, et lui est le père, le prince, le roi de la monarchie des esprits; sorte de communion, au moyen de laquelle les esprits forment une société intellectuelle, une cité divine, régie, gouvernée par le plus élevé de tous. Par là se trouve constitué, au milieu du monde visible et matériel, un monde moral et intelligible.

Ce monde moral manifeste en toutes choses la sagesse et la bonté de Dieu; elles éclatent surtout dans l'harmonie qu'au moyen d'un constant accord, entre les causes effectives et les causes finales, il a établi entre le monde matériel et le monde intellectuel; harmonie que Leibnitz retrouve de même entre la nature et la grâce, quand il se place au point de vue chrétien. A ce point de vue, la nature produit elle-même, par les moyens qui lui sont propres, les choses et les circonstances qui doivent être produites par les exigences de la grâce. En voulez-vous un exemple? Le globe est de temps à autre bouleversé par des inondations, des volcans, des secousses intérieures; toutes ces choses ne sont qu'autant d'accidens naturels; mais, selon Leibnitz, ces accidens ne se manifestent qu'en tant qu'ils sont exigés par le gouvernement du monde intellectuel, pour la punition des méchans. En tant que souverain du monde immatériel, Dieu satisfait ainsi à Dieu souverain du monde intelligible; il en résulte que les bonnes actions trouvent leur récompense, et que la peine suit nécessairement, inévitablement, le péché, car le bras de Dieu est toujours armé pour punir le mal, c'est à dire le péché. Cette loi, toute cachée qu'elle soit aux yeux du plus grand nombre, n'en est pas moins la suprême loi de notre globe.

Dès sa vie terrestre, l'homme peut s'unir intimement à Dieu. Mais ce n'est pas au sein d'un lâche repos que peuvent être serrés les liens de cette union : l'homme doit agir, agir sans cesse, et agir conformément à la connaissance qu'il a des vérités éternelles. L'homme de bien se tourne vers Dieu, comme l'aiguille aimantée vers le nord; de même que l'aiguille aimantée, il peut encore contribuer à entraîner d'autres corps dans la même direction. D'ailleurs l'homme est libre; ce qu'il veut, il peut le faire, par la seule raison qu'il le veut. L'ame ne saurait être indifférente comme l'est la matière; essentiellement active, elle se meut d'elle-même. Toutefois, elle a besoin de trouver en soi certaines impulsions qui la font agir ainsi qu'elle fait. En d'autres termes, elle doit trouver au dedans d'elle certaines causes, certaines raisons déterminantes des résolutions qu'elle prend. Sa propre nature et les choses environnantes concourent également à ce résultat; au moyen de ce concours, elle se trouve déterminée à vouloir, à exécuter librement, dans tel moment donné, ce qu'elle était prédestinée à faire de toute éternité.

Le mal se trouve dans la nature bornée, limitée des êtres finis; qui dit bornes ou limites dit négations. A vrai dire, la cause du mal n'est point effective, mais défective. Dans les êtres doués de raison, la seule source du mal ou du péché, c'est le manque d'intelligence, de science ou de bonté. Dieu n'est point le créateur du mal, il ne l'est que du bien. La cause du mal, c'est l'essence, c'est la nature même de la création, nécessairement bornée, limitée, par conséquent imparfaite. Dieu veut le bien, il veut que tout soit bon; mais, comme le bien absolu ne saurait exister dans un ordre de choses fini, il en est réduit à se contenter du *meilleur* possible. Dès lors, force lui a été de permettre le mal moral; c'est une condition sans laquelle le meilleur des mondes possibles n'aurait pu exister et ne saurait subsister. Dans l'intelligence de Dieu étaient d'abord préconçus une infinité de mondes possibles; parmi tous ces mondes, Dieu a choisi le meilleur. Dans cette même intelligence de Dieu s'étaient encore préconçues une infinité d'histoires de l'humanité, autres que celle qui s'est réalisée; parmi toutes ces histoires Dieu a choisi la meilleure. Si l'univers actuel a été décrété par Dieu, ce ce n'est donc pas parce qu'il l'a trouvé bon absolument, mais parce qu'il l'a trouvé le meilleur parmi tous ceux dont la création dépendait de lui. Par sa sagesse il a compris que ce monde était tel; il l'a voulu par sa bonté : par sa toute-puissance, il le gouverne et le maintient après l'avoir réalisé.

La prscience de Dieu et la liberté humaine ne s'excluent ni ne se contredisent d'aucune façon. Par sa préscience, Dieu connaît de toute éternité les possibilités qui doivent se réaliser dans l'avenir; il voit, par conséquent, la série des actes libres de chaque homme. Mais ces actes, il se borne à les apercevoir; il ne les arrête ni ne les décrète. S'il les aperçoit, c'est qu'ils se trouvent par avance contenus, prédéterminés, préconçus dans le caractère de celui qui les exécutera; c'est que ce dernier devra les exécuter, précisément parce qu'il sera libre.

Il existe des vérités de plusieurs sortes : les unes sont nécessaires, parce que leur contraire est impossible ou absurde; les autres n'ont de rapport qu'à l'ordre qu'il a plu à Dieu d'établir en ce monde. Les vérités de la première sorte ne sauraient être ni contredites ni démenties; rien ne saurait leur porter la moindre atteinte, pas même un miracle, c'est à dire un nouvel effort de la puissance de Dieu se manifestant au milieu de l'ordre de choses actuel. Les vérités de la seconde sorte n'ont pas ce genre de nécessité. Un miracle, c'est à dire une nouvelle manifestation de la puissance de Dieu, ne pourrait-il pas, en effet, anéantir tout cet ordre de choses auquel elles se rapportent, dont elles font partie? Les vérités religieuses qui nous ont été révélées, les vérités philosophiques auxquelles nous sommes parvenus par les seuls efforts de notre raison, ne peuvent se trouver en opposition ; elles semblent l'être cependant; mais cette opposition porte sur des circonstances et des vérités du second ordre, sur ces vérités dont Dieu, comme nous venons de le dire, peut suspendre la nécessité par un acte de sa toute-puissance. La foi et la raison sont faites pour vivre en bonne intelligence. Les mystères de la religion appartiennent à une sphère plus élevée encore que la vérité; ils ne peuvent être ni prouvés ni compris; si le chrétien peut les défendre contre les incrédules, il ne peut les expliquer.

Leibnitz s'est plu un jour à représenter sous forme allégorique son idée métaphysique du meilleur des mondes possibles, il s'est servi pour cela d'un des dialogues de Laurent Valla.

Dans ce dialogue, Sextus, fils de Tarquin, est supposé allant consulter à Delphes l'oracle d'Apollon. Sextus veut connaître sa destinée; il interroge le dieu, et le dieu lui prédit qu'il violera Lucrèce. Sextus se plaint de la prédiction, Apollon répond que ce n'est point sa faute, qu'il n'est pour rien dans les choses qu'il prédit, que c'est Jupiter lui-même qui les ordonne, que c'est donc auprès de Jupiter que Sextus doit réclamer. Et ici finit le dialogue de Laurent Valla; la prescience de Dieu s'y trouve sauvée aux dépens de sa bonté. Mais, s'emparant de cette fiction, Leibnitz la continue de la manière suivante : Sextus va à Dodone, il se plaint à Jupiter du crime auquel il est destiné. Jupiter répond qu'il peut l'éviter en n'allant point à Rome; sur quoi l'ambitieux Sextus déclare qu'il est au dessus de ses forces de renoncer à la couronne. Il sort du temple. Après son départ, le grand prêtre du temple, Théodore, interroge à son tour Jupiter; Théodore veut savoir pourquoi le Dieu n'a pas donné à Sextus une autre volonté, ne lui a pas inspiré d'autres desseins. Au lieu de répondre directement, Jupiter donne à Théodore le conseil d'aller à Athènes consulter Minerve sur ce sujet. C'est ce que fait Théodore. Introduit dans le palais des destinées, la déesse déroule à ses yeux les tableaux de tous les univers possibles; il les voit tous, depuis le pire jusqu'au meilleur. Or, dans ce dernier, Théodore voit encore le crime de Sextus, il s'en indigne d'abord, mais ne tarde pourtant pas à s'apaiser, il voit naître de ce crime la liberté de Rome, un gouvernement fécond en vertus, un empire glorieux, etc., etc.

Leibnitz avait conçu l'idée d'une langue universelle. Dans ce but, il s'était proposé de construire une espèce d'alphabet des pensées humaines. Cet alphabet devait se composer d'un certain nombre de caractères correspondant à nos idées les plus élémentaires, ou, pour mieux dire, aux élémens mêmes de nos idées. Les combinaisons diverses de ces caractères auraient correspondu à nos idées complexes, composées. Au moyen de cet alphabet, on eût pu aller facilement du simple au composé, ou bien du composé au simple. Cette langue eût été une espèce d'algèbre; à l'aide de certaines opérations, il eût été facile de trouver, de démontrer toutes les sortes de vérités, absolument comme nous le faisons au moyen des caractères algébriques. Cette langue eût été un admirable instrument, une sorte de science des principes, une langue qui eût été à nos langues ordinaires ce qu'est l'algèbre dans les sciences mathématiques. Jusqu'à la fin de sa vie, Leibnitz n'abandonna jamais cette idée. Long-temps après s'être trouvé contraint, en raison de ses autres travaux, d'abandonner l'exécution de ce projet, il en parlait en ces termes (Œuvres; t. 2, p. 49) : « Quoique je sois un de ceux qui ont le plus cultivé les mathématiques, je n'ai pas cessé de méditer sur la philosophie depuis ma première jeunesse; car il m'a toujours paru qu'il y avait moyen d'y établir quelque chose de solide par des démonstrations claires. » Mais nous avons bien plus grand besoin de lumière et de certitude dans la métaphysique que dans les mathématiques, parce que celles-ci portent avec elles, ou dans leurs signes mêmes, des preuves claires, infaillibles de leur certitude. Il ne s'agirait donc que de trouver certains termes ou formes d'énoncés des propositions métaphysiques, qui serviraient comme de fil dans ce labyrinthe pour résoudre les questions les plus compliquées par une méthode pareille à celle d'Euclide, en conservant toujours cette clarté ou distinction d'idées que ne comportent pas les signes vagues et indéterminés de nos langues vulgaires. » La langue de Leibnitz eût ainsi été une véritable encyclopédie de l'esprit humain; elle eût été comme un système complet de l'intelligence humaine.

Dans ces découvertes mathématiques, la

force du génie de Leibnitz éclate encore tout entière. Nous n'entrerons dans aucune des questions que fit naître entre lui et Newton la priorité d'invention du calcul infinitésimal ; la différence des méthodes, celle des annotations des quantités infinitésimales, celle enfin des points de vue fondamentaux, suffirait pour prouver que cette immense découverte fut faite simultanément par ces deux grands hommes, dans l'ignorance absolue pour chacun des travaux de son rival. Ce qu'il nous importe de remarquer, c'est le côté philosophique, métaphysique de ce calcul, tel qu'il fut conçu par Leibnitz ; côté dont les mathématiciens ont peut-être trop souvent négligé de se préoccuper.

Jusqu'à l'invention du calcul infinitésimal, les grandeurs et les quantités déterminées formaient comme la seule base de la science mathématique. La condition de toute grandeur, de toute quantité, pour être soumise au calcul, était d'être parfaitement mesurable. Elle devait se décomposer en quantités secondaires également déterminées, ayant entre elles des rapports parfaitement définis. Il fallait que l'algébriste et le géomètre pussent décomposer, et mesurer pour ainsi dire de leurs propres mains, les quantités et les grandeurs sur lesquelles ils opéraient. La science mathématique (à cela près de quelques considérations isolées, purement accidentelles) se trouvait renfermée tout entière dans le domaine du limité, du mesurable; l'illimité, l'incommensurable lui échappait. L'apparence empirique des choses était, par conséquent, le seul côté par lequel elles lui étaient accessibles; leur nature intime, leur essence propre demeuraient au delà de ses moyens de connaître, les seuls instrumens dont elle pût disposer ne pouvaient atteindre jusque-là.

Or, une grandeur, une quantité déterminée est, à vrai dire, un composé, une synthèse de deux sortes d'élémens intégrans, opposés, l'un de ces élémens étant l'infini ment petit, l'autre l'infiniment grand.

Agrandissez par la pensée une chose quelconque d'une dimension déterminée, agrandissez-la incessamment, un moment arrivera où elle n'aura plus de formes qui vous soient perceptibles; elle échappera à vos sens, elle échappera à votre pensée; à force de devenir immense elle se perdra dans l'infini, tandis que vous n'existez, vous, que dans le domaine du fini. Faites-vous, au contraire, la chose inverse, rapetissez-vous, amoindrissez-vous par la pensée une chose d'une grandeur finie, un moment arrivera où de même elle vous échappera, où elle s'ira cacher dans une sorte de néant, dans une sorte d'infiniment petit, où vous ne pourrez plus la voir ni la toucher, où elle n'aura plus aucun rapport déterminable avec la chose première. Entre l'infiniment grand et l'infiniment petit, il n'y a donc aucun rapport déterminable avec une chose ou bien une quantité (la quantité n'est, en définitive, qu'une forme des choses); il n'y a donc, dis-je, aucun rapport mesurable, appréciable. On sent, en effet, que ce rapport serait l'infini lui-même; et l'infini, nous le répétons de nouveau, ne nous est pas perceptible. Par ce côté, ces deux sortes d'élémens où toutes choses disparaissent, ces deux sortes d'élémens opposés, antithétiques, se confondent par quelque chose de commun; entre eux et toute quantité finie, il y a l'infini; tous deux sont, l'infini considéré sous deux points de vue opposés. Or, aucun rapport appréciable n'existe entre l'infini et toute grandeur, toute quantité finie, car ce rapport ne serait autre que l'infini. Toutefois, ainsi que nous l'avons dit, toute quantité finie n'est pourtant qu'un composé de l'infini, considéré sous les deux points de vue opposés que nous avons signalés. Le fini a nécessairement sa racine dans l'infini; l'infini est l'élément générateur du fini, bien qu'il n'ait avec ce dernier aucune sorte de rapport appréciable.

Toute grandeur, toute quantité finie ne saurait donc être altérée par l'infini, elle ne peut en être ni augmentée, ni diminuée. Toute augmentation ou toute diminution suppose, en effet, un rapport entre la quantité ou la grandeur qu'elle affecte, et sa propre grandeur, sa propre quantité. A toute grandeur finie on pourrait donc ajouter l'infini, on pourrait de même l'en retrancher, que cette quantité n'en demeurerait pas moins identique à elle-même.

C'est là le point dominant du calcul de Leibnitz. Aux valeurs algébriques exprimant les courbes, il eut l'idée d'ajouter l'infini, sous la forme de l'infiniment petit. D'après ce que nous avons dit, cette addition n'affectait en aucune façon les grandeurs finies dont se composait l'équation ; elle se trouvait d'ailleurs éliminée des résultats définitifs du calcul. Mais par là tout un monde nouveau s'ouvrait sous les pas du mathématicien ; pour la première fois sortant du domaine du fini, il pouvait entrer hardiment dans les espaces illimités de l'infini ; l'infini venait se placer sous le compas du géomètre, sous la plume de l'algébriste. En raison de l'imperfection de nos moyens, l'infini ne leur était saisissable que par des côtés bien restreints sans doute, et ce n'était même que sous l'une de ses formes, l'infiniment petit; cela suffisait néanmoins à rendre réellement prodigieux les résultats de ces nouveaux calculs. Les problèmes les plus difficiles, les plus inabordables, se résolvaient comme d'eux-mêmes au moyen de ce nouvel instrument. On vit, dans les sciences mathématiques, une révolution complète, soudaine, instantanée ; jamais l'homme ne s'était élancé aussi loin au delà du cercle des choses finies ;

jamais l'œil de l'homme n'avait plongé plus avant dans les profondeurs sans fond de l'infini.

A vrai dire, Leibnitz lui-même en eut un instant comme le vertige; sur les bords de cet abîme sur lequel il s'était si hardiment penché, il recula; l'immensité de sa découverte l'avait comme épouvanté lui-même. Il essaya de nier que ce fût l'infini lui-même qui fût entré, pour ainsi dire, de toutes pièces, dans ses calculs. Selon lui, il n'aurait pas fallu considérer ces quantités auxiliaires qu'il introduisait dans ses équations (dx, dx^2, dx^3, etc., dy, dy^2, dy^3, etc.) comme de véritables *infiniment* petits, mais seulement comme des *incomparablement* petits; elles devaient, selon lui, être aux quantités finies ce que serait un grain de sable à la masse entière du globe terrestre. Mais un grain de sable, si petit qu'il soit, est pourtant quelque chose par rapport au globe terrestre; il l'affecte en plus ou en moins, selon qu'on l'y ajoute ou qu'on l'en retranche; son rapport avec le poids ou l'étendue du globe terrestre, tout considérable qu'il soit, peut être exprimé par un nombre considérable aussi, mais enfin fini; l'infini n'est pas entre eux. L'infini est, au contraire, entre toute quantité finie et un infiniment petit quelconque. Donc enfin, c'est bien l'infini lui-même qui devient l'un des élémens du calcul. Au reste, Leibnitz n'est pas le premier inventeur qui se soit ainsi troublé, pour ainsi dire, devant l'œuvre de ses mains; il n'est pas le premier non plus qui ait ainsi tenté, heureusement sans résultats, de rapetisser et d'amoindrir une puissante invention.

Plus que tout autre cependant, Leibnitz devait se trouver familier avec cette idée de l'infini, tout écrasante qu'elle soit pour le génie de l'homme. Entre son système philosophique et ses découvertes mathématiques, se trouve une frappante analogie. Ses infiniment petits sont marqués du même cachet que ses monades. Les monades et les infiniment petits ne sont, à vrai dire, que la même idée sous des points de vue différens : c'est toujours l'infini considéré dans son opposition avec le fini, ici dans le seul domaine de la quantité, là dans l'ensemble même de la création. Monades et infiniment petits se groupent, se multiplient, se décomposent de façon analogue. En raison même de sa prodigieuse étendue, de son admirable puissance, le génie de Leibnitz demeurait toujours identique à lui-même.

Déjà nous avons indiqué, à propos de son projet d'une langue universelle, quelques unes des idées de Leibnitz sur l'histoire de l'humanité; il semble avoir eu le sentiment de son développement continu. Ses idées politiques avaient de même quelque chose de grand et de complet. Selon lui, tous les états chrétiens, du moins ceux de l'Occident, ne faisaient, ou, pour mieux dire, ne devraient faire qu'un corps; le pape était le chef spirituel, l'empereur le chef temporel de ce corps. A ces titres divers, une sorte de juridiction universelle leur était attribuée à tous deux, au pape d'abord, puis à l'empereur, général né, défenseur avoué de l'Église, principalement contre les infidèles. De là, selon Leibnitz, les titres sacrés de Majesté et de Saint-Empire. Les nécessités politiques, le temps, les circonstances les plus diverses, tout cela avait concouru à établir cet ordre de choses; il ne restait plus qu'à le régulariser, qu'à le systématiser. On reconnaît à ces traits l'Europe de Charlemagne et de Charles-Quint, bien faite, il est vrai, pour plaire à Leibnitz. Leibnitz aimait ce vieil empire d'Allemagne, de son temps encore debout dans toute son imposante majesté; il se plaisait à cet ordre de choses complexe, varié, et pourtant un dans sa diversité. C'était là, en effet, comme une sorte de symbole de son propre génie; il l'embrassait avec amour; avec de consciencieuses études, il l'avait exploré, depuis ses lois essentielles, fondamentales, jusqu'aux moindres puérilités de son antique cérémonial.

La philosophie de Leibnitz était éminemment conciliante : ce rôle lui convenait, placée qu'elle était entre la philosophie de Descartes et de Spinosa, et la nouvelle philosophie allemande qui devait la suivre. Elle résumait la tradition, tout en accueillant les nouveautés; de celles-ci elle repoussait seulement ce qu'elles avaient de trop violemment exclusif, de trop hostile à ce qui était établi, j'oserai dire de trop révolutionnaire. Elle acceptait de même du passé tout ce qui pouvait s'en concilier avec ce que l'avenir laissait entrevoir de légitime. De là, dans tous les développemens de cette philosophie, un singulier mélange de respect pour les idées et les opinions consacrées par le temps, et d'audace, de hardiesse dans la découverte ou la recherche de vérités nouvelles. De là aussi le caractère tout particulier de la polémique de Leibnitz contre certains systèmes philosophiques de son temps. Dans cette polémique, ce n'est pas assez pour Leibnitz de combattre telle ou telle idée, de repousser telle ou telle opinion; ce n'est pas ezass de répondre aux objections de ses adversaires, ou de prévenir ces objections; ce n'est pas encore assez d'exposer de nouveau ses propres idées, il arrive toujours à proposer telle ou telle nouvelle hypothèse, comme moyen terme, comme terme de conciliation entre les opinions opposées; ajoutez qu'il lui arrive rarement de s'abandonner à la force créatrice de sa propre spontanéité; elle était cependant d'une immense puissance.

L'origine des idées est un des grands points de contestation entre le spiritualisme et le matérialisme. Le spiritualisme les suppose innées dans l'intelligence, le matérialisme affirme qu'elles arrivent par les sens. Locke pose le fameux axiome : « Il n'y a rien dans l'intelligence qui ne vienne des sens; » — Leibnitz propose un moyen terme, à l'aide de la restriction non moins fameuse que l'axiome lui-même : — Si ce n'est l'intelligence elle-même. Une autre question flagrante entre les deux philosophies est l'union de l'ame et du corps : Leibnitz tourne la difficulté par l'harmonie préétablie. Les uns affirment-ils que ce monde est souverainement bon, les autres soutiennent-ils non moins affirmativement que ce monde est mauvais, du moins que le mal y existe; ce monde, dit Leibnitz, est le meilleur des mondes possibles. Dans la sphère religieuse, c'est encore comme médiateur qu'il se présente entre le catholicisme et le protestantisme; là encore il veut concilier l'autorité et la liberté, l'innovation et la tradition; sublime problème, bien digne des mains qui l'agitaient de concert, bien digne des mains et du génie de Bossuet et de Leibnitz; Leibnitz entrait ainsi dans la vérité même des choses, autant qu'il est donné de le faire à la faiblesse humaine. Il s'associait à ce progrès continu de l'humanité, où tout s'engendre réciproquement, nécessairement, dans chaque phase duquel se fondent, se concilient, à chaque instant, ces deux termes extrêmes, le passé et l'avenir; développement sans fin du monde moral, perpétuelle glorification de Dieu, but sublime de toute véritable philosophie.

Toutefois, ce génie n'était pas, au besoin, moins vigoureux que vaste et conciliant : il savait exclure tout aussi bien qu'accueillir et accepter. Jamais il n'adopta dans leur intégrité tels ou tels systèmes; il savait discerner dans chacun ce qu'il avait de réel, de vivant, de vrai, d'avec ce qui s'y trouvait de faux et d'incomplet. On le voit par sa lutte personnelle avec le matérialisme de Locke. On le verra mieux encore peut-être dans la lutte entre les idées nées des siennes et celles nées de la philosophie de Locke, je veux dire entre l'école allemande et l'école matérialiste du XVIIIe siècle.

Peut-être n'est-il donc pas hors de propos d'esquisser rapidement quelques uns des traits essentiels de la philosophie de Locke; ce sera compléter ce que nous avons à dire de celle de Leibnitz. Il en est des idées comme des hommes, elles peuvent être aussi justement appréciée par leurs adversaires que par leurs partisans.

Principal adversaire de Leibnitz, Locke s'occupa surtout de la formation des idées, qu'il faisait dériver des sens. C'est par là qu'il devint le fondateur de l'empirisme philosophique du XVIIIe siècle.

Dans ce but, Locke combat d'abord la preuve tirée du consentement unanime des hommes sur telle idée, telle notion, tel principe en faveur des idées innées. Les enfans, les idiots, les imbécilles ne sont-ils pas étrangers aux notions, aux principes que nous regardons comme les plus incontestables? Certaines nations sauvages ne sont-elles pas de même étrangères à toute idée, à tout sentiment de morale? La diversité des lois, des coutumes, des mœurs, chez tous les peuples, prouve encore en faveur de la même opinion. L'intérêt personnel, c'est à dire ce sentiment qui nous écarte de ce qui nous est nuisible, qui nous pousse vers ce qui nous est bon ou agréable, voilà le véritable mobile de l'activité humaine. Partant de ce point,

Locke passe en revue toutes les maximes reçues comme incontestables parmi les hommes; il démontre comment, loin d'êtres innées, elles ressortent, au contraire, de l'expérience et de la pratique. L'expérience, soit qu'elle s'exerce extérieurement, c'est à dire sur les objets qui font impression sur nos organes, soit qu'elle s'exerce intérieurement, c'est à dire sur les phénomènes intellectuels qui se manifestent au dedans de nous à l'occasion de ces impressions, l'expérience, voilà la source de tout le savoir humain. La pensée, au point de vue de Locke, n'était donc point l'essence même de l'ame, elle n'en était qu'un phénomène plus ou moins accidentel ou passager. Sur ce point, il se plaçait en opposition à Descartes.

Les idées sont simples ou composées. Simples, elles naissent à l'occasion des objets extérieurs : ce sera, par exemple, l'idée de telle odeur, de tel goût, de telle sensation du tact, transmise à l'entendement par un sens ou par plusieurs. Celui-ci, en tant que principe actif de l'intelligence humaine, ne peut rien sur elles; ce n'est qu'après les avoir ainsi reçues, qu'en vertu d'une spontanéité qui lui est propre il entre en actions sur l'égard, les mêlant, les combinant de mille et mille façons. Tantôt, en effet, il en réunit plusieurs, les brise, les broie, les pétrit de nouveau : de là les idées complexes ou composées. Tantôt, les mettant en opposition les unes à l'égard des autres, il les compare : de là les idées de rapport de relation. Tantôt des formes diverses qu'il a revêtues il dégage un même élément rationnel : de là les idées abstraites.

Sur les temps de l'espace Locke n'a que des notions vulgaires. Il admet le vide, il ne différencie pas l'espace du lieu; il définit bien le temps une durée déterminée par une certaine mesure, mais il n'a pas l'idée du temps en général, du temps considéré indépendamment de telle ou telle partie du temps. De toutes les idées où entre l'infini, il fait autant d'idées négatives; l'infini, pour lui, c'est seulement l'indéfini, suivant une expression employée plus tard par Condillac. La volonté humaine est déterminée par les objets extérieurs. Le langage, nullement inné à l'homme, s'est formé successivement, ainsi que le système tout entier du savoir humain, dont il est le fidèle miroir. Le nombre des objets individuels étant illimité, il a fallu se borner, dans beaucoup de cas, à les considérer par certains côtés, à en former des classes, des genres, etc., ce qui a donné naissance aux expressions générales, abstraites, etc., qui ne sont ainsi qu'autant de moyens de suppléer à la faiblesse de notre intelligence. Mais l'expérience, toujours l'expérience. Aussi Locke repousse-t-il les axiomes intellectuels admis depuis Aristote; il ne veut point qu'on prenne dans ces axiomes un point de départ logique, pour en descendre jusqu'aux cas particuliers; il veut, au contraire, qu'on remonte de ces cas particuliers aux cas plus généraux.

En fait de philosophie sociale, Locke admet l'égalité primitive des droits de tous les hommes entre eux. A son point de vue, l'état de société a été précédé d'un état de nature où régnait le droit naturel, où la liberté individuelle de l'homme n'obéissait qu'aux impulsions de sa volonté personnelle.

A l'époque de Locke, le droit individuel de la

propriété était souvent discuté; certaines écoles philosophiques prenaient pour point de départ cette supposition : — Dieu donna la terre et ce qui la couvre, en toute propriété, à Adam et aux enfans d'Adam. — Mais Locke, cherchant à ce droit une origine plus philosophique, le fait dériver de l'impossibilité où l'homme serait de se conserver, sans la jouissance et l'usage de certaines choses. Donc aussi l'homme est appelé à s'approprier ces choses dans la mesure de ses forces. Les glands tombés d'un chêne sont à celui qui les a ramassés, par cela même qu'il les a ramassés; propriété générale de tous les hommes, ces glands sont devenus, par suite de cet acte, la propriété individuelle de tel ou tel homme. En termes plus généraux, on peut donc dire que la propriété des choses extérieures dépend de l'application des forces de tels ou tels individus à ces choses. Un moment arriva cependant où, sous l'influence de circonstances diverses, les hommes se réunirent en certain nombre; cette communauté devint un corps, une société, à laquelle dut appartenir le droit d'agir en qualité d'être collectif. L'exercice de ce droit doit, à la vérité, avoir pour limites la nécessité pour la société de ne point se trouver en contradiction avec certaines clauses stipulées ou sous-entendues dans l'acte même d'association ; en d'autres termes, la société est tenue d'agir, de se conduire par le consentement unanime des individus. Toutefois, Locke admet que cette condition peut se modifier et faire place à la simple nécessité d'agir par l'opinion de l'unanimité. La majorité doit même finir par remplacer l'unanimité. L'individu est dès lors tenu de se conformer aux décisions de la majorité, s'il veut continuer à faire partie de la société. Néanmoins, comme la société ne peut avoir d'autres droits sur l'individu que ceux qu'il donne lui-même, le droit lui demeure de rompre l'association quand il lui plaît.

Au point de vue de la philosophie de Locke, les connaissances acquises par les sens sont légitimes et se suffisent à elles-mêmes ; elles ne supposent rien d'antérieur qui les ait précédées. Locke rejette donc formellement les axiomes et les principes *à priori* de l'ancienne métaphysique ; il n'y voit qu'autant d'hypothèses gratuites, pis encore, autant d'obstacles à l'acquisition des vraies connaissances. Le principe fondamental de cette philosophie est celui-ci : « Toutes nos connaissances ont leur source dans la sensation; » sa seule méthode est l'observation empirique.

L'expérience substituée à la spéculation, la psychologie substituée à l'ancienne ontologie, voilà donc en résumé l'œuvre philosophique de Locke. Aussi devint-il le fondateur de la philosophie empirique, qui devait régner en France et en Angleterre. L'influence du grand Newton s'exerça dans le même sens; l'illustre géomètre contribua à entraîner les esprits dans cette même voie de l'expérience et de l'observation. La science n'eut pas en lui ce caractère inspiré que nous lui voyons chez Kepler, chez Descartes, chez Leibnitz. Newton a déjà du rapport avec nos mathématiciens, nos physiciens, nos chimistes du XVIIIe et du XIXe siècle. Dans cette magnifique invention du calcul infinitésimal qui devint l'illustration de sa vie, on ne saurait trop admirer sa prodigieuse force de tête; il semble cependant qu'on n'y reconnaisse pas cette soudaine illumination de l'infini qui tout à coup éclaira Leibnitz. Législateur souverain du monde physique, il n'a que peu d'élans vers le monde intelligible. D'ailleurs, comme il n'écrivit rien sur la philosophie proprement dite, son influence ne s'exerça que d'une manière indirecte.

Entre Locke et Leibnitz existe une complète antithèse; ces deux hommes sont comme aux pôles opposés de l'intelligence. Locke admet que toutes nos idées viennent des sens; Leibnitz croit aux idées innées. Les objets extérieurs, leur action sur les organes, voilà, d'après Locke, les motifs de nos déterminations, les régulateurs de nos destinées. Leibnitz nie toute action extérieure des substances corporelles sur l'ame; au moyen de son harmonie préétablie, il va jusqu'à nier l'influence du corps sur l'ame; il admet que la série entière des opérations de l'ame procède uniquement de son activité spontanée. Or, ces différences, que nous nous bornons à signaler aux sources mêmes de leurs systèmes, se retrouvent également dans tous les développemens de ces systèmes. De la doctrine de Leibnitz devait sortir un immense mouvement spiritualiste; de la doctrine de Locke, la philosophie matérialiste de notre XVIIIe siècle.

Le berceau de Leibnitz se trouva au milieu de la vieille Allemagne. La réforme avait puissamment agité les esprits; le traité de Westphalie avait établi les conditions d'un nouvel équilibre, mais la féodalité existait encore, à peu de chose près du moins, dans son intégrité. Pendant la durée du moyen-âge, la royauté, ou le pouvoir central, s'était brisée et pour ainsi dire éparpillée sur le sol. Les divers royaumes formant l'empire de Charlemagne, sous ses successeurs, n'ayant point tardé à se séparer les uns des autres, les seigneuries féodales suivirent ce mouvement. Les moindres seigneurs devinrent souverains héréditaires, et les terres se trouvèrent subordonnées les unes aux autres. Depuis le trône jusqu'au moindre manoir, tout fut enchaîné par un lien tout à la fois d'obéissance et de domination. Longtemps le roi ne fut que le *primus inter pares*. En France, le sombre génie de Louis XI n'avait pas tardé à dégager la royauté de ses plus gênantes entraves; le génie plus altier de Richelieu, continuant cette œuvre, avait fait place nette au trône éclatant de Louis XIV. Mais, en Allemagne, la féodalité ne s'était pas trouvée en face d'aussi puissans adversaires. Les empereurs, presque constamment occupés de leurs guerres d'Italie, n'avaient point employé leurs forces à l'affermissement, au profit de leur autorité intérieure. Ne rencontrant sur son chemin ni Louis XI, ni Richelieu, ni Louis XIV, la féodalité put suivre sur ce terrain son développement naturel; l'Allemagne put conserver ces rapports variés d'États à États, et toute cette complexité d'organisation qu'elle n'a pas encore tout à fait perdue. De nos jours, nous l'avons vue former encore un immense assemblage de royaumes, de principautés, de villes libres; c'était l'image d'un de ces vastes édifices du moyen-âge, dans toute la majesté de leur ensemble et la bizarre irrégularité de leurs détails.

Mais au nord de l'Allemagne existait déjà un État nouveau alors, inaperçu. A peine né à l'époque où vécut Leibnitz, il ne devait pas tarder à croître et à grandir; en moins d'un siècle, il devait aller frapper de la tête la voûte du vieil édifice où il entrait le plus petit et le dernier.

Vers le commencement du XVe siècle, le sixième burgrave héréditaire de Nuremberg obtint de l'empereur alors régnant la cession du pays de Brandebourg, avec le titre de margrave. L'un des successeurs de ce premier margrave, embrassant la doctrine de Luther, se mêla au mouvement politique et religieux de son temps. Au commencement du XVIIe siècle (1611), Jean Sigismond, neuvième électeur, hérita du duché de Prusse. Bientôt se montre un homme de tête et de cœur, également ferme dans le cabinet et sur le champ de bataille, Frédéric-Guillaume, dit le grand-électeur. Il se distingue parmi les adversaires de Turenne; il remporte sur les Suédois, alors si redoutés, la fameuse bataille de Fehberlin; il accueille à Berlin les protestans proscrits par Louis XIV, et prépare si bien les voies du trône à son fils Frédéric II, que celui-ci, en dépit de sa propre médiocrité, put venir s'y asseoir sans difficultés. A la vérité, l'Autriche favorisait cette ambition; loin qu'elle était de voir, dans cet État si faible et si nouveau, une puissance qui devait balancer fort incessamment sa propre prépondérance dans les affaires de l'Allemagne.

Et cependant, la même année où le prince son époux se faisait couronner, la reine Sophie-Charlotte fondait l'académie de Berlin, et Leibnitz y entrait.

La philosophie allemande, et la Prusse, l'État moderne qui devait le plus contribuer au mouvement politique de l'Allemagne dans le siècle passé et dans le nôtre, se trouvent donc contemporaines. Dès lors commence une sorte de parallélisme, de concordance, que nous retrouverons constamment, entre le mouvement philosophique et le mouvement social de la vieille Germanie.

OUVRAGES DE LEIBNITZ.

Premiers traités philosophiques de Leibnitz dans les Acta eruditorum depuis 1684, dans le Journal des Savans depuis 1691. — Gotff W. Leibnitii opera studio Lud. Duteus. Genève, 1768. 6 v. in-4°. — OEuvres philosophiques de feu M. Leibnitz, publiées par Erich Raspe. Amsterdam et Leipsick, 1765. in-4°. — Essai de Théodicée sur la bonté de Dieu, la liberté de l'homme et l'origine du mal.. — Doctrine de Leibnitz sur la monodalgie, sur Dieu, son existence, ses attributs, et sur l'ame humaine. Francf., 1720. in-8°; nouvelle édition, Francfort, 1740. in-8°. — Ejusdy principia more geometrico demonstrata cum excerptis et epistolis philosophi et scholiis quibusdam ex historia philosophica, auctore Mich. Gottl. Hanschio. Franc. et Lips., 1728. in-4°. — Recueil de diverses pièces sur la philosophie, la religion, etc., par MM. Leibnitz, Clarke, Newton. Amsterdam, 1719. — A collection of papers, Which, passed between the late learned M. Leibnitz and Dr Clarke, in the year, 1715 and 1717. Relating, to the principles of natural philosophy and religion, by Samuel Clarke. London, 1717. in-8o. — Comparaison de la métaphysique de Leibnitz et de Newton, par L. Mart. Kahle, Gœtting. 1741. — Essai d'une conciliation de la métaphysique de Leibnitz avec la physique de Newton, dans les mémoires de l'Académie de Berlin, 1756. — Leibnitii otium hanoveranum sive miscellona, 1718. in-8o, et documenta varia inedita (2e recueil). Lips., 1724. in-4o. — Epistolæ ad diversos, 1724-1742. 1 vol. in-8o. — Commercium epistolicum Leibnitianum, 1745. 2 v. in-8o. — Commercii epistolici Leibnitiani typis nondum evulgati selecta specima. Ed. Joh. Feder., 1805. in-8o.

(Tennemans, 2e volume.)

LIVRE II.

KANT.

ARGUMENT.

Philosophie de Woolff en Allemagne.—Philosophie de Locke en Angleterre, idéalisme de Berkley. — Philosophie française : Condillac, Rousseau, Mably ; d'Holbach, etc., etc. — Scepticisme de David Hume.

KANT.

BUT DE LA PHILOSOPHIE DE KANT. — SON POINT DE DÉPART. — DES ÉLÉMENS INTÉGRANS DE LA CONNAISSANCE HUMAINE ; DU MOI ET DU NON-MOI ; CE QU'IL Y A DE NÉCESSAIRE DANS LA CONNAISSANCE APPARTENANT AU MOI, CE QU'IL Y A DE RELATIF ET DE CONDITIONNEL DANS CELLE APPARTENANT AU NON-MOI. — DES FACULTÉS INTELLECTUELLES DU MOI : DE LA SENSIBILITÉ, DE SES FORMES, LE TEMPS ET L'ESPACE ; DE L'ENTENDEMENT ET DE SES CATÉGORIES, LA QUANTITÉ, LA QUALITÉ, LA RELATIVITÉ, LA MODALITÉ ; DE LA RAISON ET DE SES IDÉES, DIEU, LE MONDE, ET LE MOI ; IMPOSSIBILITÉ DE CONCLURE DE CE QUE NOUS SENTONS A CE QUI EXISTE RÉELLEMENT., DU ROLE DE L'EXPÉRIENCE DANS LE DÉVELOPPEMENT DE L'INTELLIGENCE HUMAINE ; DES JUGEMENS ANALYTIQUES ET DES JUGEMENS SYNTHÉTIQUES ; DE NOTRE SPONTANÉITÉ SYNTHÉTIQUE ; ESQUISSE GÉNÉRALE DE NOTRE SYSTÈME INTELLECTUEL. — DE LA RAISON PRATIQUE. — DU JUGEMENT.

ADVERSAIRES DE LA PHILOSOPHIE DE KANT.

CARACTÈRE GÉNÉRAL DE SA PHILOSOPHIE.

UN MOT SUR L'ÉTAT POLITIQUE DE LA PRUSSE ET DE L'ALLEMAGNE PENDANT LA VIE DE KANT.

LIVRE II.

La doctrine de Leibnitz devait avoir une grande influence en Allemagne ; elle la dut principalement à Christian Woolff. Woolff combla une partie des lacunes que cette doctrine avait encore dans les mains de Leibnitz ; il la revêtit de formes plus rigoureuses et plus scientifiques. La vie fort agitée de Leibnitz s'était écoulée en voyages, en études variées, en nombreuses et savantes correspondances ; tout cela, se joignant à la tendance même de son esprit, l'avait empêché de rédiger en un tout complet, systématique, ses hypothèses variées et ses lumineux aperçus. La polémique fut surtout le principal obstacle à l'exécution de cette grande entreprise ; la polémique dévora, en partie du moins, l'immense activité de son esprit; elle le contraignit à présenter sans cesse le fond de ses idées sous une forme nouvelle, à recourir sans cesse à de nouvelles hypothèses conciliatrices, élargissant de plus en plus le cadre de sa pensée pour y faire entrer ses réponses à toutes les objections nouvelles et inattendues qui ne manquaient pas d'arriver. Mais cette œuvre que Leibnitz n'avait pu entreprendre, Woolff lui consacra sa vie; ce fut là sa mission philosophique. Voyez des fontaines, des ruisseaux, des torrens descendre des montagnes, réunir leurs eaux au sein des vallées, et former enfin un large fleuve qui arrose et fertilise de vastes contrées; les idées, les hypothèses éparses çà et là dans la multitude des lettres, des ouvrages, des traités de Leibnitz, vinrent ainsi se réunir et se confondre dans la vaste et scientifique exposition de Woolff; c'est de là qu'elles fécondèrent l'Allemagne d'un cours non interrompu.

Woolff divisa la philosophie spéculative en

logique et métaphysique, celle-ci embrassant l'entologie, la psychologie, la cosmologie et la théologie; cette division est encore adoptée aujourd'hui. Rejetant de la doctrine de Leibnitz l'hypothèse des facultés perceptives des monades, et celle de l'harmonie préétablie, il en adoptait tout le reste; le plus souvent il se borna même à la reproduire sous la forme d'un dualisme dogmatique. La pensée était son point de départ exclusif.

Il mit une distinction nette et précise dans les idées, il érigea en principe souverain de toutes nos connaissances le principe de la contradiction; il établit en fait l'impossibilité de trouver une démarcation suffisante entre les notions purement rationnelles et les notions acquises par l'expérience. Il réduisit l'activité de l'ame aux simples phénomènes de la perception; dernière face de sa philosophie, qui le rendait propre à servir de transition outre celle de Leibnitz et celle de Kant. Sa méthode était imitée de la méthode suivie en mathématique; cette dernière comportait, selon lui, la perfection même de l'art du raisonnement. Notons encore que le premier entre les philosophes il traça nettement le plan d'une encyclopédie complète des sciences philosophiques, immense conception dont il réalisa pourtant une partie.

C'est surtout dans la philosophie pratique qu'il faut considérer Woolff. Là, il fit époque par la force et la sévérité de sa méthode; ce sont les propres termes d'un des plus savans historiens de la philosophie (1). S'étant proposé d'établir un lien systématique entre les diverses parties de cette philosophie, il tenta, dans ce but de rattacher tout son système à une seule notion, mais qui fût fondamentale : l'idée de la perfection, que nous portons gravée en nous, lui sembla cette notion. Il l'expliquait comme il suit : « L'homme tend à une sorte de développement moral, il a l'instinct de ce développement; le dernier terme en serait la perfection elle-même. Or, tout acte est d'autant plus parfait qu'il s'accorde mieux avec les phases de ce développement antérieures à l'époque où il est exécuté, avec celles qui doivent suivre

(1) Tennemann.

cette époque. La vertu est ainsi la disposition la plus propre à rendre notre état intellectuel et moral de plus en plus parfait. En conséquence, il formule comme il suit la règle souveraine de toute morale : Fais que ta personne et ton état deviennent de plus en plus parfaits, et, pour y parvenir, travaille aussi à rendre parfait l'état d'autrui ; la conscience de ce progrès continu constitue le bonheur, la plus haute félicité à laquelle l'homme puisse parvenir sur la terre. » De ce principe ainsi posé, Woolff déduit aussitôt ses doctrines de morale, de droit naturel et politique ; toutes choses où sans cesse il se montre digne successeur de Leibnitz, digne précurseur de Kant, l'énergique apôtre de l'inflexible loi du devoir.

Pendant ce temps, la doctrine de Locke se perpétuait en Angleterre. L'essai sur l'entendement humain n'avait pas tardé à rallier à lui la grande majorité des penseurs anglais. On sait pourtant son incapacité absolue à rendre compte des vraies difficultés métaphysiques, et ses dangereuses conséquences en politique, en morale, en religion.

Au premier rang de ses adversaires saluons d'abord le fameux Berkley, évêque de Cloyne. Vivement frappé des fatales conséquences du matérialisme, Berkley en était venu à penser que le principe de toutes ces aberrations était la croyance vulgaire à un monde corporel, matériel. Or, Berkley se proposa d'ébranler cette croyance, au moyen d'une analyse dont la subtilité rappelle celle de Mallebranche. Il démontre qu'à l'aide de nos sens nous percevons seulement les qualités sensibles des objets, mais que nous n'apprenons vraiment rien de leur existence propre, ni de leur substantialité. La conséquence de ce principe, c'est qu'un monde corporel, matériel, distinct et indépendant de nos sensations, n'est qu'une pure chimère. Le soleil, la lune, les étoiles, les objets que nous voyons et touchons, ce feu qui brûle, cette lumière qui éclaire, cette eau qui coule, tout cela n'a pas, selon Berkley, le genre de réalité que nous sommes disposés à lui accorder. La matière n'existe pas, il n'existe dans le monde que des esprits. L'homme ne perçoit que des idées, toutefois il ne les produit pas de lui-même; l'ordre qui règne entre elles témoigne qu'elles sont communiquées à l'ame humaine par un esprit qui lui est infiniment supérieur. Cependant, en vertu de sa liberté, l'homme n'en demeure pas moins l'auteur de ses propres erreurs.

On reconnaît là l'idéalisme de Mallebranche. Berkley y avait été conduit par le noble désir de mettre les vérités morales et religieuses à l'abri des attaques du matérialisme et de l'incrédulité. Ce projet était digne de celui dont un poète de la même nation (Pope) a pu dire :

To Berkley every virtue under heaven.

Mais les résultats n'en furent point considérables. La doctrine de Locke continua de régner en Angleterre, pendant que, de leur côté, les idées de Leibnitz se développaient en Allemagne.

Ainsi repoussée de l'Allemagne, la philosophie de la sensation, l'empirisme de Locke trouvait en France un terrain où prospérer.

Descartes avait commencé en France une grande époque philosophique; sa pensée s'était agrandie et développée dans les mains de Mallebranche; les solitudes de Port-Royal l'avaient accueillie avec enthousiasme. Une des plus importantes questions de la philosophie, celle du libre arbitre, se trouvait, sous formes religieuses, au fond de la grande querelle du jansénisme et du molinisme. Que de grands, que de nobles, que d'austères souvenirs se rattachent ainsi à ce grand nom de Port-Royal! Mais sous les murs écroulés du monastère furent ensevelies les hautes et sérieuses études du XVIIe siècle. Le cartésianisme ne leur survécut pas, il eut pour dernier représentant Fontenelle, qui en demeura, dans le XVIIIe siècle, l'unique disciple, le seul témoin vivant. Fontenelle avait survécu à toute son école; il est vrai que sa vie fut de près d'un siècle. De nos jours, semblable vicissitude ne suppose pas toujours une telle longévité.

La philosophie sensualiste de Locke avait, il est vrai, trouvé dans Condillac un habile interprète. Condillac ne fit, en effet, que continuer Locke, seulement il agrandit son système, en lia plus intimement les parties diverses, en éclaira quelques unes. Il réunit et systématisa en un tout plus complet un grand nombre d'idées et d'observations que son prédécesseur lui avait livrées éparses, isolées. Un esprit juste et lucide, d'ailleurs de peu d'étendue, une expression toujours exacte en même temps que sèche et décolorée, ne devaient pas tarder à le populariser : ajoutez qu'il est affirmatif et dogmatique. Il a bien dit un jour : « Soit que, pour parler métaphoriquement, nous nous élevions jusque dans les cieux, soit que nous descendions dans les abîmes, nous ne sortons jamais de nous-mêmes ; ce n'est jamais que notre pensée que nous apercevons. » Et ces mots expriment un complet idéalisme : mais ce n'est là qu'une lueur, qu'un éclair, qu'une disposition éminemment passagère ; l'ensemble de sa doctrine n'en est pas moins entièrement contraire à toute idée, à tout point de vue idéaliste. Personnellement (rendons-lui cette justice), Condillac n'allait pas, sans doute, jusqu'aux dernières et désastreuses conséquences de son système, peut-être même ne les voyait-il pas; car il en est souvent ainsi. Si Locke, religieux avant sa philosophie, est demeuré religieux après sa philosophie, il n'en faut pas conclure que la philosophie de Locke soit religieuse. Le matérialisme, tel que nous l'avons vu de nos jours, n'a été que la conséquence logique et nécessaire de la philosophie de Locke, commentée parmi nous par Condillac.

Et ce n'est jamais sous sa forme première, mais bien sous la dernière, qu'un système philosophique apparaît bien nettement ce qu'il est réellement, avec toutes ses conséquences politiques, morales ou religieuses. Il faut qu'il ait passé par bien des mains avant de se débarrasser de tout élément étranger. Il en est des idées philosophiques à peu près comme des métaux; après être sortis des entrailles de la terre, ceux-ci ont besoin de subir diverses préparations, divers points d'affinage avant de laisser voir leurs qualités propres.

Dans son *Traité des sensations*, Condillac place son lecteur en face d'un homme dépourvu de sensibilité, d'un homme de marbre, d'une statue. Il anime peu à peu cette statue. D'abord il lui donne l'odorat, puis le toucher, l'ouïe, la vue, le goût. Au moyen des sensations qui résultent de ces organes, la statue, d'inanimée qu'elle était, s'élève peu à peu à l'état d'être animé, sensible, raisonnable, intelligent. Grâce à Condillac, nous assistons à toutes ces transitions. Il se plaît à nous montrer comment toutes les sensations de la statue se succèdent et se combinent, depuis la première jusqu'à la dernière. Dans son essai sur l'origine des connaissances humaines, il nous montre encore comment la sensation transformée devient successivement tour à tour idée, entendement, attention, réflexion, comparaison, jugement, passion, etc.; comment, en définitive, toutes les facultés de l'ame ne sont autres que cette même sensation. Par ces deux chemins il nous a menés au même but; c'est toujours la même thèse qu'il a soutenue par des argumens différens. Au fond de toute sa philosophie, ou pour mieux dire de sa psychologie, c'est toujours le fameux axiome de Locke: « Il n'y a rien dans l'intelligence qui n'ait été dans les sens. » Aussi l'ensemble du système demeure-t-il étranger, on ne saurait plus étranger à tout doute sur la réalité du monde extérieur, c'est à dire à tout idéalisme. Tout au contraire, Condillac va même jusqu'à adopter cette hypothèse si parfaitement opposée à toute vraie philosophie : le parfait accord de nos représentations des objets avec les objets eux-mêmes. Dans ses lettres sur le dogmatisme et le criticisme, Schelling a dit : « Les représentations sont, d'après Condillac, des copies des choses qui sont réfléchies par l'ame comme par un miroir ; quant aux choses en elles-mêmes, depuis sa chute il a été refusé à l'homme de les voir (1). » Ces paroles contiennent à peu près le sens du système.

Condillac fait sortir de la simple sensation le développement complet de l'esprit humain. Employant une méthode analogue à l'égard du langage, il le fait sortir de la simple interjection du cri animal. Sous l'influence de ses besoins, de ses passions, l'homme aura poussé certains cris, jeté certaines interjections, gestes suppléant en partie à ce qui man-

(1) 8e lettre, 1er vol. des *Ecrits divers*.

quait à ce langage. Un homme se serait-il rencontré désirant telle ou telle chose, il aura exprimé ce désir en montrant la chose en question, tout en poussant tel ou tel cri. Ces sons divers se seront peu à peu modifiés; les auditeurs, leur faisant écho, auront répondu par d'autres sons. Plus tard, au moyen de l'onomatopée, on aura exprimé certaines qualités de ces choses; on aura cherché à les peindre par leurs côtés sensibles; puis ce cri, ce son imitatif exprimant l'objet lui-même pris comme substantif, sera devenu le nom de cet objet. Certaines autres qualités de l'objet, également saisissables, perceptibles, rendus par d'autres sons imitatifs, auront exprimé les attributs de cette chose; ils seront devenus ses adjectifs. Un geste aura pu montrer que tel attribut appartenait à telle chose, non à telle autre; il aura été un lien entre le substantif et l'adjectif. Plus tard, on aura suppléé à ce geste par un autre son : de là le verbe; de là, au moyen de suppositions analogues, les modifications du verbe; de là enfin la création successive de toutes les autres parties du langage. C'est ce que Condillac appelle l'établissement de signes *arbitraires et conventionnels.*

Admettant comme point de départ que tout ce qui se trouve dans l'intelligence a d'abord été dans les sens, Condillac se trouvait bien obligé de supposer que le langage avait suivi la même route. L'hypothèse d'une langue innée à l'homme, née avec l'homme, eût été en contradiction formelle avec sa donnée fondamentale; une chose autre que la sensation transformée se serait trouvée dans l'esprit humain.

La philosophie sensualiste résout la question de l'origine des sociétés d'une façon analogue à celle du langage. Suivant cette philosophie, l'homme vient sur la terre au sein de la solitude et de l'isolement; aucun lien n'attachait les uns aux autres les hommes des temps primitifs. Dans son discours sur l'inégalité, Jean-Jacques, par exemple, perd beaucoup de temps à prouver que la société même de la famille ne saurait être permanente. Il veut qu'à l'instar de ce qui se passe chez les animaux, la famille humaine soit dispersée aussitôt que les soins du père et de la mère sont devenus inutiles aux enfans (1).

(1) *Discours sur l'Inégalité.*

Un besoin mutuel ayant cependant accidentellement rapproché les uns des autres un certain nombre d'hommes, cette association passagère leur fit comprendre les avantages d'une association durable : ils fondèrent la société. L'origine fortuite, accidentelle de cette société, les mit dans l'obligation de lui donner pour base certaines conventions : ce fut le contrat social. Plus tard, un grand nombre d'institutions politiques vinrent soutenir cet édifice sans cesse prêt à crouler.

Un contrat social pour origine de la société, des signes arbitraires et conventionnels comme origine du langage, ce sont, en effet, des hypothèses qui se correspondent, pour toute philosophie qui considère ces deux choses comme d'institution humaine non naturelle. Le philosophe matérialiste ne saurait s'en passer.

Jean-Jacques, le poëte du XVIIIe siècle, Jean-Jacques qui, par sa chaleur d'ame, se trouve sur presque tous les points en opposition avec l'opinion dominante de son temps, Jean-Jacques prononça pourtant la sentence demeurée célèbre : « L'homme qui pense est un animal dépravé. » Ce n'est pas tout : il n'a cessé de considérer la société, non pas la société de telle ou telle époque, non pas telle ou telle forme sociale, telle ou telle combinaison de pouvoirs, mais la société en elle-même, comme un état anti-naturel; selon lui, le besoin, l'habitude, la tyrannie y ont condamné l'homme, il n'en conserve pas moins le droit de s'y dérober. Dans le roman de ses doctrines politiques, dans l'*Émile*, Jean-Jacques conduit son élève à l'âge d'homme; mais le philosophe veut qu'en ce moment, pour ainsi dire solennel, Émile choisisse lui-même le pays, l'état, l'institution sociale sous laquelle il devra vivre. Je transcris ses propres paroles : « Or, après s'être considéré par ses rapports physiques avec les autres êtres, par ses autres rapports moraux avec les autres hommes, il lui reste (à Émile) à se considérer, par ses rapports civils, avec ses concitoyens. Il faut pour cela qu'il commence par étudier la nature du Gouvernement en général, les diverses formes du Gouvernement, et enfin le Gouvernement particulier sous lequel il est né, *pour savoir s'il lui convient d'y vivre*. Car, par un droit que rien ne peut abroger, chaque homme, en devenant majeur et maître de lui-même, devient maître aussi de renoncer au contrat par lequel il tient à la communauté, en quittant le pays dans lequel elle est établie. » Jean-Jacques ajoute encore peu après : « Par le droit rigoureux, chaque homme reste libre, à ses risques et périls, en quelque lieu qu'il naisse, à moins qu'il ne se soumette volontairement aux lois pour acquérir le droit d'en être protégé (1). » Voilà donc le résultat définitif de la doctrine politique de Rousseau; l'Émile n'en était que la mise en pratique. Identiques quant au fond des choses et des idées, l'Émile et le Contrat social ne diffèrent que par la forme. Jean-Jacques a dit de la république de Platon qu'elle n'était qu'un traité d'éducation : on peut retourner le mot à propos de l'Émile, et dire, avec plus de vérité encore, que sous la forme d'un ouvrage d'éducation, ce livre est un véritable traité politique.

La sensibilité étant supposée la source, l'origine de l'intelligence humaine, il faut

(1) *Émile*, t. 4, p. 288.

bien admettre l'intérêt, ou, comme on a dit depuis, l'intérêt bien entendu comme la source et l'origine de la morale. Le devoir, le juste, le bien moral ne tombent pas sous nos sens; il n'est pas de canal par où ces choses puissent passer des organes extérieurs à la conscience de l'homme. Nos sens ne nous enseignent qu'une chose : rechercher le bien-être et fuir la douleur. En fait, il est d'ailleurs bien certain que l'amour de soi, l'intérêt personnel se trouvent au fond de la plupart des actions humaines; toute science, uniquement fondée sur l'observation empirique, inclinera donc presque nécessairement à voir, dans ce sentiment, le principe de nos actions. Aussi les moralistes dont le point de départ fut la philosophie de Locke, et qui prirent pour instrument l'expérience, l'observation, ne firent point autre chose. Ils érigèrent en loi souveraine et irréfragable ce qu'ils virent se présenter le plus fréquemment dans la pratique; au lieu de se poser en législateurs de l'humanité, ainsi que doit l'être tout véritable moraliste, ils se bornèrent à vouloir en être les historiens; toutefois, comme ils étaient observateurs superficiels, ils devaient être historiens inexacts.

Helvétius fut en morale l'organe et l'apôtre de cette doctrine ; il l'expose dans son fameux livre de l'*Esprit*, ouvrage facile, agréable, d'une lecture attachante, trop attachante sans doute, car ce livre n'est autre chose que la perpétuelle négation de tout ce qui peut se trouver de bon et de noble dans la nature humaine. Toutefois, Helvétius se bornait à tirer les conséquences ; d'autres avaient posé les principes. Locke et Condillac avaient déjà fait sortir de la sensation l'homme intellectuel, lorsque Helvétius imagina de tirer encore des entrailles du même principe l'homme moral. On sait d'ailleurs que la biographie d'Helvétius fournirait, au besoin, la meilleure comme la plus éloquente réfutation de son livre.

L'auteur du Système de la nature fit une application plus vaste encore de cette manière de philosopher ; il ne se proposa rien moins que d'appliquer tout à la fois l'univers moral et l'univers matériel. Voici son raisonnement : Il existe un nombre infini de matières très variées, et combinées d'une infinité de façons, qui reçoivent et communiquent sans cesse des mouvemens divers. Le mouvement est un effort que fait la matière pour changer de place ; chaque être, en raison de son essence ou de sa nature particulière, est susceptible de produire, de recevoir et de communiquer des mouvemens divers. La matière et le mouvement existent de toute éternité ; la matière ne saurait être anéantie, et n'a pu être créée. L'existence d'une cause en dehors de la matière ne saurait être démontrée. Les différences qui se trouvent existent entre les diverses sortes de matière, et les différentes sortes de mouvement sont les seules causes de la multitude infinie des phénomènes de la nature et de leur ordre de succession. Les lois simples et générales d'après lesquelles les corps se meuvent nous sont connues.

Parmi les matières diverses que nous voyons, les unes sont disposées à s'unir, les autres au contraire se repoussent ; de là ces manières d'être de la nature que les physiciens ont nommées attraction et répulsion, sympathie et antipathie, affinités, rapports, etc.

Les moralistes ont appelé ces phénomènes,

qu'ils considéraient d'un point de vue différent, amour ou haine, amitié ou aversion, etc. Mais sous ces dénominations diverses il s'agit des mêmes choses, c'est à dire toujours de la matière et des phénomènes de la matière. Tout mouvement a une tendance; en raison de cette tendance, les choses aspirent à persévérer dans leur existence, à attirer à soi ce qui leur est favorable, à résister à ce qui leur est contraire : c'est là ce que l'on appelle en physique force d'inertie, attraction, répulsion. Chez l'homme, cette même tendance constitue l'amour de soi. Par cette raison, tout est aussi nécessairement déterminé par rapport à l'homme que par rapport à l'univers. Le monde tout entier n'est qu'un immense enchaînement de causes et d'effets; les miracles et tout ce qui tient à cet ordre de choses, tout ce qui sort des possibilités matérielles, sont radicalement impossibles. La vie de l'homme est une suite de mouvemens nécessaires, qui se trouvent déterminés ou par des causes physiques qui lui sont extérieures, ou par d'autres causes physiques intérieures, je veux dire les matières solides et fluides dont son corps est formé. Si l'homme recherche certaines choses, en repousse d'autres, il obéit en cela aux lois générales de la matière, modifiée par la matière particulière dont il se trouve être formé. Ce qu'on appelle l'intelligence humaine est un résultat des mêmes actions et réactions mécaniques d'où proviennent tous les autres phénomènes de la nature. On ne saurait, en bonne philosophie, recourir à l'hypothèse d'une ame; le cerveau suffit. *Celui qui distingue,* dit d'Holbach, *l'ame du corps ne fait que distinguer son cerveau de lui-même.* Toutes les facultés intellectuelles de l'homme dérivent de la faculté de sentir; elles ne sont, en définitive, que cette dernière faculté différemment mdifiée; et celle-ci est une suite de l'essence propre des êtres organisés, elle leur est inhérente, ainsi que la pesanteur, l'élasticité, le magnétisme, l'électricité, etc. Les qualités morales de l'homme dépendent encore de certains agens physiques analogues. Différentes entre elles chez les individus divers, en raison de la diversité d'actions des mêmes causes, toutes se rattachent, en définitive, au tempérament; elles en sont les produits, les résultats. Tel est l'ensemble des principes développés dans ce fameux Système de la nature, qui, pendant bien des années, exerça sur la France une immense influence.

A la même époque, Montesquieu se retournait vers le passé; il tentait la réhabilitation de l'histoire, au moment même où elle se trouvait frappée du plus profond comme du plus injuste dédain; il l'éclairait de toute la lumière d'un vaste génie, à qui, pourtant, l'idée si féconde du progrès était refusée. Boulanger jetait sur le monde des anciens jours un regard plein d'une sombre tristesse, d'une indicible mélancolie. Aux yeux de Boulanger, la grande catastrophe qui bouleversa le monde, en le submergeant, porte écrite dans ses suites et ses conséquences l'histoire tout entière du genre humain. Au milieu des joies bruyantes de ce siècle de pensées hardies, affirmatives, pétulantes, l'aspect de ce jeune homme, au teint pâle et maladif, qui devait succomber au milieu de sa carrière, frappe douloureusement les yeux et l'imagination. Mably amplifiait, en l'exagérant, la doctrine politique du *Contrat social* et de l'*Émile*. Duclos, dont la pensée ne s'aventurait pas en dehors du cercle de la société de Paris, revêtait les idées nouvelles d'une expression piquante et hardie. Vauvenargues, soldat comme Descartes, se montrait hardi penseur, autant qu'écrivain mâle et élégant; il devait mourir à vingt-cinq ans! Diderot était tour à tour emporté aux sujets les plus divers par l'activité de sa fougueuse imagination; long-temps il continua presqu'à lui seul, de ses propres mains, la Babel du siècle, l'encyclopédie. Dans son envie d'escalader et de braver le ciel, ce géant, au milieu de ses compagnons dispersés, ne pouvait se lasser d'entasser montagnes sur montagnes. D'une main élégante et hardie, d'Alembert avait tracé le plan de cet édifice, où la plus étrange confusion ne devait pas tarder à régner. Voltaire régnait sur l'Europe intellectuelle. Marmontel parait la philosophie d'une robe à demi poétique. Hommes et talens bien différens, sans doute, quoique chez tous se retrouve une portion de la pensée philosophique du siècle; toutefois nous ne l'y suivrons pas; c'est seulement sous sa forme essentiellement propre que nous nous proposons de nous en occuper.

Le caractère général du mouvement philosophique que nous venons d'esquisser peut être résumé en peu de mots. L'expérience fut considérée comme la seule base rationnelle de la science ; et, partant de là, l'on vit dans la sensation le germe de l'intelligence humaine, dans l'intérêt, celui de la morale, dans l'interjection ou le cri animal, celui du langage, enfin dans l'individualité, l'élément générateur de la société.

Une sorte de parallélisme existe, en effet, entre ces diverses manières de considérer la psychologie, la morale, le langage, la société ; en tout cela se fait sentir l'identité du même principe développant ses conséquences dans ces sphères diverses. Ce principe, c'est, en définitive, toujours ce même axiome de Locke, si souvent cité : « Il n'y a rien dans l'intelligence qui n'ait été dans les sens. » Partant de ce principe, si nous analysons, à l'aide de l'expérience et de l'observation, l'homme et le monde, que trouvons-nous en effet au bout de nos recherches, sinon la sensation, l'intérêt, l'interjection, l'individualité? Entre les doctrines psychologiques de Condillac, les doctrines politiques de Rousseau, les doctrines morales d'Helvétius, les doctrines cosmologiques de d'Holbach, il y a donc plus qu'analogie, que parenté; il y a complète identité. Toutes appartiennent évidemment à un même mouvement philosophique. On voit clairement comment les unes et les autres sont sorties d'un seul et même germe : au fond de toutes se retrouve encore, avec la même croyance au monde extérieur, la même tendance à supposer ce monde parfaitement semblable dans sa réalité aux représentations que nous en avons.

Cherchez-vous, au contraire, quelque chose au delà de la sensation, de l'intérêt, de l'interjection, de l'individualité, quelque chose au delà de la réalité extérieure telle qu'elle nous apparaît dans nos sensations, vous vous trouvez aussitôt dans un autre ordre de sentimens et d'idées. Vous sortez du matérialisme et de l'empirisme, pour entrer par quelque côté dans le domaine de l'idéalisme.

La philosophie de Locke ne faisait guère

moins de progrès en Angleterre qu'en France. David Hartley développa, sous le point de vue purement matérialiste, les recherches psychologiques de Locke. Tout en se faisant le défenseur de l'immortalité de l'ame, il fondait sur les vibrations des nerfs et leur ébranlement en rapport avec l'éther, l'activité intellectuelle de l'homme. Il donnait une grande importance à la théorie de l'association des idées. Toutefois, au sommet des êtres, il posait Dieu comme la cause unique de tous les phénomènes de la nature, même des actions humaines. Déjà nous avons raconté comment l'idéalisme de Berkley et celui de Collier, son contemporain, protestèrent contre la philosophie matérialiste de Locke; mais ce n'étaient là d'ailleurs que de faibles contre-poids dans la balance : le scepticisme d'un esprit éminemment supérieur, de David Hume, devait exercer une plus grande influence dans l'histoire ultérieure de la philosophie.

A son départ, Hume se plaça au point de vue empirique de Locke; mais, au moyen de raisonnemens subtils et bien déduits, il arriva bientôt à affirmer l'impossibilité d'une connaissance objective du monde extérieur. La fausseté et l'imperfection de nos moyens de connaître sont choses connues de tout temps : le bâton à demi plongé dans l'eau paraît brisé, l'apparence des objets varie suivant les distances, la compression de l'un de nos yeux nous donne une double image d'un seul objet, etc., etc. Hume énumère de nouveau toutes ces déceptions journalières; il remarque qu'elles ne trompent pourtant personne. Quel est l'homme, quel est l'animal qui, dans toute sa conduite, ne se montre parfaitement convaincu de la réalité d'un univers extérieur existant en dehors de ses propres perceptions? Cette table, que je vois blanche, que je palpe raboteuse, ne lui supposé-je pas une existence autre que celle qu'elle peut avoir dans les perceptions que j'en ai? Nous croyons donc à autre chose qu'à notre esprit qui perçoit : nous croyons à une chose perçue. Toutefois, beaucoup de nos sensations ne sont pas causées par les objets extérieurs, quoiqu'il nous soit impossible de les différencier de celles qui le sont. D'un autre côté, la moindre attention suffit à nous convaincre que les qualités sensibles des objets, telles que le chaud, le froid, le blanc, etc., n'existent pas dans les corps en eux-mêmes, mais seulement dans notre esprit, dont ils sont autant de manières d'être, de modifications.

Ces propriétés des corps, Hume les appelle leurs qualités secondaires; mais le même raisonnement lui semble applicable à ce qu'il appelle leurs qualités primaires, l'étendue et la solidité : « Si toutes les qualités perçues par les sens, dit-il, sont dans l'esprit, non dans les objets, ce principe peut s'appliquer à l'idée d'étendue, qui dépend entièrement des idées sensibles ou des qualités secondaires. » Il raisonne de même sur le principe de causalité : « Nous nous représentons la causalité comme une liaison, une synthèse nécessaire entre l'objet-cause et l'objet-effet; de telle sorte que, le premier étant donné, le second ne peut manquer d'avoir lieu. Or, quelle est la justification de cette synthèse et du caractère d'universalité que nous lui attribuons? c'est ce que nous ne saurions dire. Toutes nos connaissances sont tirées de l'expérience, et le caractère de l'expérience consiste à être éminemment accidentelle, contingente, à n'emporter avec soi aucun caractère d'universalité et de nécessité.» La causalité, cette disposition de notre esprit qui nous porte à établir entre deux choses la relation de cause et d'effet, n'est donc, en définitive, qu'un produit de notre propre imagination; c'est pour nous une affaire d'habitude. Rien ne prouve que cette relation de cause et d'effet ait réellement une existence effective en dehors de nous.

Mais pourquoi borner ce raisonnement au principe de causalité? Aussi Hume est-il bien éloigné de s'arrêter en si beau chemin. Avec une rigueur de logique vraiment désespérante, il sape toutes les vérités de l'ordre moral, il anéantit les bases de la science, il détruit pièce à pièce la science elle-même; car il n'est pas de science qui n'ait pour fondement quelque axiome de même nature que le principe de causalité : la physique, l'histoire naturelle, en un mot tout ce qui constitue la connaissance humaine se trouve dans le même cas. Ne seraient-elles donc qu'autant de créations fantastiques de notre imagination? A cela, la philosophie empirique n'avait aucune réponse, au moins de quelque valeur. De cette incertitude de la science en général, Hume exceptait pourtant les mathématiques, parce que, selon lui, les propositions mathématiques se trouvent fondées sur des axiomes dont l'évidence se tire d'elle-même. Mais en cela même il était dans l'erreur; les propositions mathématiques ne diffèrent en rien de la proposition : « Tout effet a une cause; » peut-être ne tarderons-nous pas à en donner la démonstration. A la place de la certitude, Hume intronisait donc en tout, et partout, le doute, un doute universel (1).

En Allemagne, Mendelssohn traduisait Platon; il commentait le *Phédon*, cherchant de nouvelles preuves de l'immortalité de l'ame. Dans son livre intitulé *Les Matinées*, il faisait un cours complet de théisme. Dans ses lettres à Mendelssohn, Lessing professait la plus fanatique admiration pour cette doctrine; il ne connaissait pas, disait-il, de système philosophique plus propre à satisfaire l'esprit. Jean-George Sulzer publiait une théorie des beaux-

(1) Voir la note à la fin de l'ouvrage.

arts, qui contribua beaucoup aux progrés de la littérature et de la philosophie allemandes. Il publia encore plusieurs ouvrages spéciaux sur la philosophie, entre autres des mémoires sur l'immortalité de l'ame. Contradictoirement à l'opinion commune, il cherchait à prouver que l'immortalité de l'ame ne dépend pas exclusivement de sa simplicité; qu'un matérialiste qui admettrait une ame distincte du corps pourrait attribuer à cette ame une autre vie après notre mort terrestre. Eberhard publiait une apologie de Socrate, puis une théorie de la pensée et du sentiment. Dans des essais philosophiques sur la nature de l'homme et son développement, Tetens donnait une nouvelle analyse des facultés de sentir et de penser. Feder essayait de donner la psychologie pour base à la philosophie, tentative tout à fait en désaccord avec l'esprit de Leibnitz et de son école. Basedew voulait populariser, en Allemagne, des idées analogues à celles de Rousseau en France, et de Locke en Angleterre, sur l'éducation; idées qui ne manquent pas de justesse quant à l'éducation physique. En dehors de ce mouvement bien faible, mais du moins national ou à peu près national, les écrivains français de Berlin, La Mettrie et Maupertuis développaient hardiment les théories les plus aventureuses du matérialisme français. Toutefois, puisque nous avons nommé Maupertuis, arrêtons-nous un moment sur un fait singulier. Dans un morceau imprimé vers le milieu du XVIIIe siècle, Maupertuis reproduisait, à peu de chose près, les argumens sceptiques de Hume sur l'incertitude de nos connaissances; seulement, tandis que Hume insistait beaucoup sur le principe de causalité, Maupertuis s'occupe principalement de la notion d'étendue (1).

Vers la seconde moitié du XVIIe siècle, les savans allemands s'étaient familiarisés avec la littérature et la philosophie des Anglais et des Français. Les formes de la scolastique de Woolff, dont nous avons cependant signalé les avantages, commençaient à leur devenir pesantes; quelques uns, par suite de leur prédilection pour la langue et la littérature françaises, se jetèrent même dans l'excès opposé.

(1) Voir la note à la fin de l'ouvrage.

D'ailleurs Berlin ne pouvait manquer d'exercer une grande influence. Or, les sympathies du grand Frédéric sont connues; né souverain allemand, il s'était fait écrivain français. Jamais homme ne dépouilla plus complètement tout indice, tout caractère de nationalité. Oubliez-vous un instant la naissance de cet homme, il vous devient aussitôt impossible de le reconnaître Allemand à l'aide de ses œuvres. Écrivain et philosophe français, il ne savait pas qu'une littérature nouvelle naissait en Allemagne, que l'Allemagne allait devenir le théâtre d'un immense mouvement philosophique.

Voici donc en quelle situation se trouvait la philosophie à l'époque où Kant parut sur la scène. La philosophie française était affirmative et dogmatique; son principe fondamental était la certitude de la sensation. Le scepticisme venait de naître en Angleterre; partant du même point que les philosophes français, mais allant plus loin qu'eux, Hume niait la certitude de la sensation. En Allemagne, la philosophie de Leibnitz s'était continuée dans les enseignemens de Woolff. Cette philosophie était idéaliste : elle n'admettait pas que la sensation fût la source unique de nos connaissances ; elle professait, au contraire, que notre propre intelligence fournit autant que les impressions faites sur nos sens à la masse de nos connaissances. Cette philosophie savait discerner dans l'entendement certaines formes préexistantes à la sensation ; elle enseignait, en définitive, une sorte de dualisme transcendental.

Or, c'est en présence de ces trois grands systèmes que la philosophie de Kant apparaissait au monde. Elle devait tout à la fois les combattre et les concilier, les continuer et les repousser, les refondre dans un nouvel ensemble, à l'aide de points de vue et de méthodes nouvelles.

Cette tâche supposait d'immenses facultés ; mais telles étaient, en effet, celles du philosophe de Kœnigsberg. La science, l'érudition de Kant étaient prodigieuses ; son ardeur pour l'étude infatigable, son esprit à la fois plein de puissance, de justesse et de finesse. Les royaumes de l'intelligence n'avaient point de lieu qu'il n'eût exploré. Les littératures, les langues, l'histoire, les mathématiques, l'astronomie, la chimie, la physiologie, la physique, tout cela lui était familier; il en était de même de l'état politique, commercial, naturel du monde entier. Comme Leibnitz, c'était un homme encyclopédique; comme de Leibnitz, on pouvait dire de lui que seul il faisait plusieurs savans. Le plus grand philosophe de l'époque, ce fut encore lui qui prévit l'existence de la planète Uranus; par les yeux du génie, il l'avait aperçue dans les profondeurs de l'espace avant qu'elle ne se trouvât au bout du télescope de Herschell. Outre les grands ouvrages qui devaient fonder une philosophie toute nouvelle, il en a laissé un grand nombre d'autres sur les sujets les plus divers. Il semble que la création tout entière eût pu tenir à l'aise dans cette tête vaste et puissante. Étranger d'ailleurs à tous les intérêts positifs du monde, à peine a-t-il entendu, dans les dernières années de sa vie, le bruit de sa renommée sans cesse grossissant. Bien que parvenu à un âge avancé, il ne sortit jamais de Kœnigsberg. C'est de ce coin de terre qu'il résuma l'œuvre des siècles écoulés; qu'il embrassa la science d'un œil d'aigle, qu'il lança dans le monde son immense système, parole toute puissante, toute créatrice, sorte de fiat merveilleux, qui des abîmes de l'intelligence humaine devait faire jaillir comme un monde nouveau.

Et cette grande figure nous apparaît vraiment avec une incomparable majesté; nous la savons consacrée par les siècles. En sa présence, nous nous sentons étonnés, troublés. On assure que les pyramides frappent ainsi d'une sorte de terreur religieuse ceux qui tout à coup se trouvent en leur présence. Les moindres soldats de notre armée d'Égypte ont pu cependant voir de leurs propres yeux, toucher de leurs propres mains, cette œuvre des rois respectée par les âges; soldat des plus obscurs de la milice intellectuelle, osons donc approcher le colosse de Kœnigsberg.

La philosophie de Kant peut être considérée par ces trois faces: critique de la raison pure, critique de la raison pratique, critique du jugement; nous allons les examiner l'une après l'autre.

CRITIQUE DE LA RAISON PURE.

Déjà nous avons signalé l'impérieux besoin de connaître, inhérent à la nature humaine. L'homme porte avidement les yeux autour de lui ; il explore, jusque dans ses moindres détails, la création. Il s'élance bientôt au delà, et sur les ailes de la pensée plane dans la sphère des pures intelligences. Il redescend ensuite en lui-même, et pénètre jusque dans les mystères les plus secrets de sa nature intime. Pour l'homme, il est donc une question d'une importance immense ; c'est celle-ci : « Quelles » sont les choses que je puis connaître ? jusqu'à quel point m'est-il donné de les connaître ? Question toujours indécise, problème toujours agité, jamais résolu depuis l'origine des âges. Or, c'est cette question qu'Emmanuel Kant s'est d'abrod proposée, et dont la solution est demeurée la partie la plus importante de sa philosophie. Nous remonterons donc, sur ses pas, jusqu'à l'origine même de nos connaissances ; nous analyserons nos facultés de connaître, nous constaterons leurs résultats, nous déterminerons les limites au dedans desquelles il leur sera donné de manifester leur activité.

En face de nous se pose le monde, c'est à dire l'ensemble des objets extérieurs ou sensibles qui agissent immédiatement sur nous. Les impressions qu'ils font sur nos sens engendrent en nous certaines représentations des choses, que nous appellerons perceptions. Ces perceptions sont immédiates, particulières; elle ont rapport à telle ou telle chose, à tel ou tel objet. Toutefois, réunissant ensemble plusieurs de ces perceptions particulières, nous en formons une autre perception d'une espèce plus générale : nous appellerons conceptions les perceptions de ce genre. Agissant, dès lors, sur ces conceptions comme nous l'avons fait sur les perceptions, nous en réunirons plusieurs, pour en former, au moyen de cette liaison, d'autres conceptions d'une espèce plus générale; les conceptions de cette dernière classe devant être considérées, par rapport aux précédentes, comme un principe dont celles-ci seraient les conséquences. En tout cela, nous aurons manifesté par trois façons notre activité intellectuelle; nous aurons mis en œuvre trois facultés intellectuelles distinctes l'une de l'autre : la première de ces facultés est la *sensibilité*, la seconde l'*entendement*, la troisième la *raison*.

Le résultat définitif, le produit de leur activité simultanée, constitue la connaissance humaine. Or, ce résultat a été produit par l'action et la réaction réciproques de notre activité intellectuelle, c'est à dire de notre moi, et des objets sensibles, c'est à dire du monde extérieur. Le moi et l'objet sont ainsi les deux facteurs de notre connaissance, ils y mettent chacun du leur; ils en sont les élémens intégrans.

L'un de ces élémens, fourni par notre moi, consiste en facultés inhérentes à notre nature; celui-là nous appartient en propre, il existait en nous antérieurement à l'impression faite par l'objet, il est indépendant de cette impression et lui survivra. Tout au contraire, le second élément est fourni par cet objet; il appartient à cet objet, non à nous; il est en lui, non en nous. Le premier de ces élémens est toujours le même, il ne change ni ne varie; le second, au contraire, peut varier, et varie effectivement à l'infini.

Supposez un moule dans lequel on jette tour à tour plusieurs sortes de matières, cire, terre, bronze, pâte, que sais-je? La forme toujours la même imprimée par le moule à ces matières diverses représentera le premier élément de la connaissance humaine; la matière toujours variable, d'après notre supposition, en représentera, au contraire, le second élément. Si d'ailleurs le moule était caché, tandis qu'il nous serait donné de voir la matière qui en sort, la forme du moule ne nous apparaîtrait que dans cette matière; enfin, si aucune matière n'était jetée dans le moule, sa forme demeurerait invisible pour nous; pour nous, le moule lui-même n'existerait pas. Remarquez, en effet, que, d'après la dernière hypothèse, ce moule ne se montre jamais; seulement il fait connaître sa forme en l'imprimant à certains objets.

C'est précisément ainsi qu'il en est de nos facultés, à l'occasion de l'impression faite sur elles par les objets extérieurs. Nos facultés, par elles-mêmes invisibles à nos yeux, ne se manifestent à nous qu'en raison de notre contact avec ces objets; elles impriment à ces objets certaines formes inhérentes à leur propre nature; et c'est seulement alors qu'elles commencent à exister pour nous, qu'elles sortent peu à peu de la mystérieuse obscurité qui nous les dérobait. Notons bien, toutefois, que nos facultés ne sont en rien le produit des objets extérieurs; elles ne le sont pas davantage que ce moule, auquel nous les avons comparées, n'est lui-même le produit de la cire ou du bronze que nous y avons jetés. Loin de là, nos facultés préexistent si bien aux objets extérieurs, qu'à peine en contact avec eux elles les travaillent, pour ainsi dire, les pétrissent, les façonnent des plus diverses manières.

Une autre comparaison nous fera pénétrer plus avant encore dans l'idée-mère de la philosophie de Kant.

Jetez du blé sous la roue d'un moulin, ce blé deviendra de la farine; mais que de choses auront été nécessaires pour que cette farine soit précisément ce qu'elle est! Il a fallu d'abord que la matière première livrée au moulin fût du blé; toute autre matière écrasable aurait donné sous le broiement de la roue quelque autre produit qui n'eût pas été de la farine; il a de plus fallu, pour que cette même farine fût bien précisément ce qu'elle est, pour qu'elle eût le poids, la couleur, le goût qu'elle a, que le blé fût précisément ce qu'il est, c'est à dire qu'il fût de telle qualité, qu'il eût tel degré de maturité, etc. Bien d'autres circonstances pourraient ainsi s'enchaîner les unes aux autres à propos de la seule matière livrée au moulin. Du côté du moulin, il a fallu que ses rouages fussent disposés de telle façon, que sa roue fût de telle pierre, mue avec telle rapidité, etc. Des circonstances du même genre pourraient de même s'enchaîner à l'infini. Il en résulte que de l'inspection de la farine il est possible de se livrer à deux ordres de considérations tout à fait indépendans l'un de l'autre. On pourrait se livrer à diverses conjectures sur les diverses sortes de grains qui ont pu produire cette farine, leur qualité, etc.; sur les propriétés de cette farine en tant que farine, etc., etc.; puis de l'examen de cette même farine on pourrait encore déduire quelques autres conjectures, ayant rapport, cette fois, au mécanisme du moulin, à l'engrènement de ses rouages, à leur jeu varié, à la force qui les met en mouvement, à la rapidité du mouvement de ses roues, à l'espèce de pierre dont elles sont formées, etc., etc.

Or, le blé, c'est aussi la matière qui nous est livrée par le monde extérieur, c'est à dire les objets sensibles; ce moulin dont nous venons de parler, c'est l'intelligence humaine; le mécanisme de ce moulin, c'est celui de cette intelligence. La farine enfin, le produit de l'action de ce mécanisme sur la matière qui lui est livrée, c'est la science, c'est la connaissance humaine.

La connaissance peut donc être envisagée sous deux points différens : elle peut être considérée par rapport aux objets d'où naissent nos impressions, c'est à dire par rapport à sa matière première; ou bien encore elle peut être considérée par rapport à la forme qui lui a été imposée par ce mécanisme intellectuel dont elle a subi l'action. Ce dernier ordre de considération conduit, en outre, presque nécessairement à examiner les diverses parties de ce mécanisme lui-même, les lois auxquelles il obéit, etc. C'est, en effet, de tout cela que résulte son action sur les objets exterieurs. Les matières sur lesquelles porte cette action peuvent différer entre elles, au moins dans certaines limites ; le moulin demeure, au contraire, ce qu'il était, son action demeure la même. Dans le premier cas, la connaissance humaine se montre dans ce qu'elle a de multiple, de divers ; dans le second, dans ce qu'elle a d'un, d'identique.

Les différens rouages de notre mécanisme intellectuel ont déjà été décrits ; indiquons encore une fois, cependant, en quoi ils consistent. Au contact des objets extérieurs, nous recevons des impressions de plusieurs sortes, dont nous formons nos perceptions ; de ces perceptions nous tirons d'autres perceptions plus générales encore : ce sont les conceptions ; liant enfin les unes aux autres ces conceptions diverses, nous les rattachons toutes à une autre conception plus générale, de telle sorte que cette dernière conception nous apparaîtra comme un principe, les autres comme les conséquences de ce principe. Le premier mode d'action de l'intelligence humaine, nous l'avons appelé sensibilité, le second, entendement, le troisième, raison.

La sensibilité est ainsi une faculté passive. Elle reçoit des perceptions immédiates qui naissent des impressions produites par les objets extérieurs. Certaines conditions sont, d'ailleurs, nécessaires pour qu'elles puissent entrer en jeu ; il faut que nos perceptions soient dans un rapport donné avec l'organisation même de notre sensibilité, avec son mode d'affectibilité, il faut encore qu'elles se présentent dans un certain ordre et soient revêtues de certaines formes. Les formes et les lois qui lui sont propres exigent que les choses se passent de la sorte. Donc, aussi, l'étude et l'analyse de nos perceptions peuvent nous révéler quelque chose de ces formes et de ces lois de notre sensibilité. Pour atteindre ce but, il nous suffira de savoir discerner dans nos perceptions ce qui s'y rencontre de multiple et de divers, d'avec ce qui s'y trouve d'un, d'identique à soi-même; ce dernier élément sera nécessairement en rapport avec les formes et les lois de notre sensibilité.

Le multiple, le divers constituent en effet, ainsi que déjà nous l'avons dit, la matière de la perception; l'un, l'identique, en est la forme. Si donc nous pouvions mettre de côté, dans nos perceptions, ce que nous en appelons la matière, nous parviendrions de la sorte, sans aucun doute, à découvrir la forme invariable dont elles sont revêtues. Or, si nous faisons subir cette décomposition à nos perceptions, si nous en ôtons peu à peu cette matière, c'est à dire tout ce qu'elles recèlent de multiple et de divers, deux choses pourtant demeurent, persistent encore : ces deux choses sont l'espace et le temps. De quelque manière que nous nous y prenions, nous ne pouvons imaginer un corps hors de l'espace, n'occupant aucun lieu de l'espace, c'est à dire dénué de toute étendue. Fait-on abstraction de l'espace, les corps disparaissent, s'anéantissent; fait-on abstraction des corps, l'espace n'en subsiste pas moins, absolu, infini, illimité. L'espace est ainsi la condition indispensable de la possibilité des corps, mais les corps ne le sont nullement de la possibilité de l'espace. Il en est de même du temps. Nous ne pouvons rien concevoir qui ne soit dans le temps; toute chose, toute idée, toute impression, toute succession d'impressions, n'existent pour nous que dans le temps; nous pouvons, au contraire, concevoir le temps indépendamment de toute chose, de toute idée, de toute impression, de toute succession d'impressions. Faisons-nous abstraction du temps, tout ce qui le remplissait disparaît; faisons-nous abstraction de ce qui le remplissait, le temps subsiste encore, infini, illimité.

Donnez carrière à votre imagination, concevez les créations les plus fantastiques, les plus éloignées de toute réalité, vous ne saurez pourtant les voir autre part que dans l'espace et dans le temps : elles existeront dans l'espace, elles vivront dans le temps; ces créations ressembleront, sous ce rapport, aux objets les plus ordinaires de nos perceptions. Le temps et l'espace découlent donc immédiatement des lois générales de notre sensibilité; ils lui sont inhérens, ils en constituent les formes nécessaires, ils lui appartiennent à elle, non aux objets sensibles avec lesquels elle se trouve en contact. Ces deux formes lui sont si essentiellement adhérentes, qu'on ne saurait l'en dépouiller; essayez de les anéantir par la pensée, et vous anéantissez du même coup la sensibilité elle-même. Voyez, au contraire, le temps et l'espace partout où elle-même se montre, partout où s'exerce son activité; c'est que les tirant d'elle-même, de sa propre substance, elle en tisse immédiatement une sorte de trame qu'elle étend aussitôt sur l'univers entier.

L'espace s'étend infiniment autour de nous. Faisons-nous mention d'espaces particuliers, définis, nous les concevons comme contenus dans cet autre espace sans limites et sans bornes. Ce dernier est immobile, il occupe toujours la même place; il est divisible à l'infini, il ne nous offre aucune solution de continuité. Le temps est une série dont tous les termes se succèdent en se touchant, sans laisser entre eux aucun vide, aucun intervalle. Comme l'espace, le temps est divisible à l'infini. Il n'est pas une minute, une seconde, une partie quelconque du temps, que nous puissions concevoir comme le dernier terme de cette division; si minime que soit cette partie de la durée, nous pourrons toujours la concevoir divisée en d'autres parties plus petites encore, et ainsi à l'infini.

Or, l'expérience ne nous a pas enseigné ces propriétés de l'espace et du temps. C'est le propre de l'expérience de ne nous fournir jamais de perceptions emportant avec soi un caractère de nécessité ou de généralité absolue. L'expérience nous montre bien que ce qui est est, elle nous enseigne bien que ce qui arrive arrive, mais elle ne nous montre pas pourquoi ce qui est est, elle ne nous enseigne pas pourquoi ce qui arrive arrive. D'ailleurs, où est l'expérience qui nous a montré l'étendue encore divisible après la parcelle de sable ou de poussière qui déjà échappe à nos yeux et à nos mains? Où est l'expérience qui nous permette d'affirmer la divisibilité du temps au delà de la plus petite particule de durée que nous ayons pu mesurer? Nulle part. Parmi les connaissances que nous devons à l'expérience, il n'en est aucune dont le caractère ne soit accidentel et contingent. Les choses animées ou inanimées, par exemple, nous pouvons les concevoir avec telles autres qualités, telles autres propriétés que celles que nous leur connaissons; les évènemens, nous pouvons les concevoir se succédant dans un ordre tout autre que celui où vraiment ils se succèdent. Mais nous ne pouvons procéder de même à l'égard du temps et de l'espace, considérés comme propriétés des choses; nous ne pouvons pas le faire davantage à l'égard de certaines autres propriétés qui font, en quelque sorte, partie de la notion même que nous avons de ces choses. Le temps et l'espace sont parce qu'ils sont; il en est de même des propriétés qui leur appartiennent: elles leur appartiennent parce qu'elles leur sont forcément inhérentes, parce que le temps et l'espace doivent avoir ces propriétés, et non point d'autres.

Les enseignemens de l'expérience nous arrivent au moyen des impressions faites sur nous par les objets extérieurs. Or, nous ne nous trouvons jamais en contact immédiat avec le temps et l'espace. Par eux-mêmes ils ne font jamais aucune sorte d'impression sur nous; seulement, c'est dans l'espace que nous percevons les objets sensibles; seulement, c'est dans le temps que nous percevons la succession de nos impressions diverses. Notre organisme intellectuel est tel, que ces objets sensibles et ces impressions, une fois dépouillés de ces formes, n'existetaient plus pour nous ; il en est de même de toutes les modifications dont ils sont susceptibles. Le temps et l'espace ne nous sont donc point donnés par l'expérience, seulement ils se manifestent à nous à l'occasion de l'expérience; préexistant en nous à toute expérience, c'est à dire à tout contact avec les objets extérieurs, ils nous deviennent visibles à l'occasion de cette expérience, de ce contact. Cachés qu'ils sont dans l'intimité de notre essence, ils en jaillissent, pour ainsi dire, à notre choc avec le monde extérieur. Mais alors, en raison des lois générales de notre organisation, ce n'est pas en nous que nous les voyons, mais bien dans les mêmes objets à l'occasion desquels nous les voyons, quoique cependant ils n'appartiennent aucunement à ces objets. La figure du moule dans lequel on a fait couler de la cire n'appartient pas à la cire, mais bien au moule. Il en est de même de toutes ces propriétés générales que nous attribuons aux objets en qui nous les y trouvons; nous voulons parler de la divisibilité à l'infini, etc., etc.

Aucune perception n'est, en effet, possible pour nous que revêtue de ces formes générales du temps et de l'espace. Mais certaines propriétés se trouvent elles-mêmes inhérentes à ces formes générales; il faut donc que ces propriétés se retrouvent partout où sont ces formes. De tout cela tirons la conclusion que nous ne savons rien, absolument rien des choses en elles-mêmes; leur essence, leur nature propre nous échappent absolument. Les impressions que nous en recevons sont déjà modifiées par nos sens extérieurs; car ces impressions ne seraient pas ce qu'elles sont pour nous, sur des êtres différemment organisés que nous ne le sommes. Elles sont, en outre, modifiées par notre sens intérieur, nous voulons dire notre sensibilité; force leur est de revêtir les formes de cette sensibilité, le temps et l'espace, et les propriétés inséparables du temps et de l'espace. Voulons-nous leur enlever ces formes, que pourtant c'est nous-mêmes qui leur imposons, elles disparaissent, s'anéantissent, il n'en reste rien. Des choses en elles-mêmes nous ne savons donc rien; les apparences sous lesquelles elles se montrent à nous sont tout ce que nous en savons et pouvons savoir. Les apparences et les phénomènes sont tout ce qui existe pour nous. En raison des limites imposées pendant notre existence terrestre à notre faculté de connaître, et qu'elle ne saurait franchir, ce sont les seules choses avec lesquelles nous nous trouvions en rapport, en relation. Le monde extérieur n'est qu'un composé d'apparences et de phénomènes; pour nous, le monde extérieur n'est lui-même qu'une apparence, qu'un phénomène.

Nos connaissances ne se trouvent cependant pas limitées aux impressions que nous recevons des objets extérieurs; car, s'il en était ainsi, notre existence intellectuelle serait purement passive. Or, il n'en est rien, nous agissons, au contraire, sur nos impressions, nous les approfondissons, nous les examinons par différens côtés, nous établissons certains liens entre elles.

Nous trouvons-nous en présence d'un objet quelconque, nous ne nous contentons pas de recevoir, des diverses parties de cet objet, un certain nombre de sensations, nous agissons aussitôt sur ces sensations éparses, isolées.

Le tronc, les branches, les feuilles d'un arbre font-ils impression sur notre sensibilité, nous ne nous bornons pas à recevoir ces impressions ou ces perceptions particulières, nous nous en formons une perception plus générale : ce sera, par exemple, celle d'un chêne; perception qu'en raison de sa généralité nous appellerons conception. Voyons-nous ensuite plusieurs arbres de même sorte, plusieurs chênes, nous rapportons de même la perception de chacun d'eux à une perception plus générale, où se fondront toutes ces perceptions précédentes; ce sera la conception du chêne, du chêne en général, non plus de tel ou tel chêne. Nous agirons de même à l'égard du frêne, de l'orme, du châtaignier, du peuplier, etc.; puis nous réunirons enfin les conceptions de ces diverses sortes d'arbres en une conception plus générale, qui les comprendra toutes, où toutes viendront se fondre : ce sera la conception d'arbre, de l'arbre en général, non plus des arbres de telle ou telle espèce. Or, cette série d'opérations intellectuelles, ou, pour mieux dire, cette même opération intellectuelle, répétée à différens degrés de généralisation, est l'œuvre de cette faculté active que Kant appelle entendement.

L'entendement réunit, rapproche les unes des autres les diverses perceptions partielles qui proviennent d'un même objet sensible, d'un même phénomène; il se fait en même temps, et par avance, une image de l'ensemble qui résultera de cette fusion. Or, quelque promptitude qu'il apporte à cette opération, elle ne peut être que successive; ce n'est qu'en passant d'une partie à une autre partie qu'il arrivera à former ce tout, cet ensemble. Dans ces différens actes intellectuels, il faudra 1° que nous ayons constamment conscience de ce que nous exécutons; 2° que nous sachions bien précisément ce que nous faisons; 3° que nous nous souvenions de ce que nous avons fait; de plus, que nous imaginions constamment aussi ce que nous voulons faire. La réminiscence, la conscience, l'imagination seront donc les trois facultés de l'entendement simultanément mises en jeu dans cette opération; ce seront les trois modes d'activité par lesquels il se manifestera. Mais remarquons qu'au moyen de ces trois modes d'activité, c'est toujours un jugement que l'entendement arrive à former ; la fonction intellectuelle de l'entendement est donc de juger.

En tout cela l'entendement se trouve, à quelque égard, vis à vis les objets sur lesquels porte son activité, dans la même position que la sensibilité l'était à l'égard des perceptions. Il imposera certaines formes et certaines lois à ces conceptions, parce que ces formes et ces lois seront les conditions nécessaires de son action sur elles.

Ces formes et ces lois imposées par l'entendement à ses actes divers, nous ne les connaissons pas immédiatement, mais nous avons un moyen de les découvrir. Ce moyen est celui que nous avons déjà employé pour arriver à la connaissance des lois et des formes de la sensibilité ; il s'agira de les chercher, de les étudier dans les divers jugemens portés par l'entendement, dans les conceptions qu'il a formées au moyen de ces jugemens. Ces conceptions devront, en effet, être soumises à certaines conditions, obéir à certaines lois, être revêtues de certaines formes ; c'est seulement ainsi qu'il est possible à l'entendement d'agir sur elles. Ces formes et ces lois appartiendront à l'entendement, non pas aux choses sur lesquelles agira l'entendement ; toutefois, on pourra les étudier dans ces choses, tout aussi bien qu'il serait possible de le faire dans l'entendement, s'il nous devenait tout à coup visible. La forme du moule peut s'étudier à volonté sur la cire où elle s'est imprimée ou sur le moule lui-même.

Or, dans nos jugemens, nous considérons la chose en question sous l'un des rapports de quantité, de qualité, de relativité, ou de modalité. Ce sont là quatre conceptions fondamentales sous lesquelles viennent se ranger toutes les conceptions particulières. Ce sont quatre formes qu'elles revêtent nécessairement, et qu'elles ne peuvent pas ne pas revêtir.

Mais ce n'est pas tout : 1° tout en considérant cet objet sous le rapport de quantité, nous pouvons le considérer comme ne faisant qu'un ensemble, comme pouvant être vu et saisi tout à la fois, sans distinction de parties : alors nous le jugeons un, ou nous le jugeons comme plusieurs; ou, réunissant ces deux manières de juger, et considérant plusieurs dans un ensemble, nous le jugeons comme un tout; 2° ou bien nous jugeons un objet comme ayant réellement une certaine qualité qu'on peut affirmer de lui, ou comme privé de cette qualité; ou, réunissant ces deux manières de juger, comme tout à la fois ayant et n'ayant pas cette qualité, c'est à dire l'ayant à tel ou tel degré; 3° ou nous jugeons certains objets comme étant les supports les uns des autres, comme se produisant les uns les autres, comme agissant et réagissant réciproquement les uns sur les autres; 4° ou nous jugeons l'objet par rapport au degré de réalité que nous sommes fondés à lui attribuer, et nous disons de lui qu'il est possible, ou bien qu'il est réel; ou bien, réunissant ces deux sortes de jugemens, qu'il est nécessaire. Chacune des quatre formes primitives de la pensée, des quatre conceptions fondamentales, se subdivise de la sorte en trois autres conceptions secondaires. En d'autres termes, chacune d'elles peut être considérée sous trois points de vue divers : la quantité pourra être considérée comme unité, pluralité, totalité; la qualité, comme réalité, négation, limitation; la relativité, comme substance, causalité, réciprocité; la modalité, comme possibilité, existence et nécessité.

Kant appelle catégories ces formes nécessaires de notre entendement, dénomination empruntée d'Aristote. Aristote désignait sous ce nom dix pensées principales auxquelles il subordonnait toutes les autres.

Les deux premières catégories, celles de quantité et de qualité, sont applicables aux objets de l'intuition; les deux autres, celles de relativité et de modalité, ne sont applicables qu'à la manière d'être de ces objets. Dans cette subdivision de chacune des catégories principales en trois autres secondaires, la troisième est toujours la synthèse des deux premières. La totalité est la synthèse de l'unité et de la pluralité; la limitation, ou le degré, celle de la réalité et de la négation; la réciprocité est le lien d'une substance en détermination réciproque d'une autre substance; la nécessité est enfin la synthèse, le lien de la possibilité d'une chose et de son existence réelle. Nous le voyons au premier coup d'œil sur ces catégories de l'entendement. Nous concevons encore que l'entendement ne saurait s'en passer dans ses actes; leur caractère de généralité et de nécessité est évident.

La quantité, la qualité, la relativité et la modalité sont ainsi quatre formes primitives de notre entendement. Elles constituent autant de conceptions matrices où sont engendrées toutes les autres; elles sont autant de modes particuliers de l'unité générale que nos connaissances tendent incessamment à constituer. Elles ne quittent pas les objets pour venir à nous, elles ne nous sont pas données par l'expérience; ce serait chose facile à démontrer, mais inutile en même temps; ne l'avons-nous pas déjà fait à propos de l'espace et du temps? Comme ces deux formes de notre sensibilité, ces formes de notre entendement n'ont de même d'existence pour nous qu'autant qu'elles se trouvent être appliquées aux objets de nos perceptions. Malgré leur invisibilité, malgré le mystère dont elles s'enveloppent à notre égard, elles n'en deviennent pas moins pour nous de précieux instrumens. A l'aide de ces instrumens, nous pouvons interroger la nature, l'épier jusque dans ses retraites les plus cachées. Il est vrai de dire qu'ils nous servent seulement à saisir les choses par certaines faces, certains côtés; ils ne sauraient nous faire pénétrer dans l'essence même des choses. De nos jugemens nous ne pouvons nullement conclure ce que sont les choses en elles-mêmes; ce que nous pouvons juger avec certitude, c'est qu'elles nous apparaissent ce qu'elles sont pour nous. Voulons-nous aller au delà de cette limite, l'incertitude et l'erreur commencent aussitôt. Kant en porte lui-même ce jugement. Voici ses propres paroles : « Nous avons non seulement parcouru le domaine de l'entendement pur, et examiné avec attention chacune de ses parties, nous l'avons aussi mesuré exactement, et assigné à chaque objet la place qui lui appartient. Cependant ce domaine est une île; la nature lui a assigné des bornes invariables. C'est l'empire de la vérité, mais il est environné d'une mer vaste et orageuse où nous voyons sans cesse l'illusion. Là le navigateur, trompé par des bancs de glace qui paraissent et disparaissent successivement à sa vue, croyant à chaque instant découvrir des terres nouvelles, erre sans relâche, guidé par la seule espérance et jouet des vagues tumultueuses, toujours formant de nouveaux desseins, toujours se préparant à de nouvelles expériences auxquelles il ne peut renoncer, et dont cependant il n'atteindra jamais le but. »

En termes moins poétiques, il est donc bien vrai que rien de ce qui est en dehors de l'expérience ne saurait être assumé, subsumé par les formes de notre entendement; les seuls objets avec lesquels il lui soit donné de se mettre en contact sont nos perceptions. Or, nos perceptions naissent elles-mêmes des impressions faites en nous par les choses extérieures; l'entendement n'aperçoit que des phénomènes, c'est à dire que des représentations des choses, ayant revêtu les formes de notre sensibilité. Que faudrait-il, en effet, pour que l'entendement pût connaître les choses en elles-mêmes? Il faudrait qu'après avoir dépouillé ces choses des formes dont lui-même les revêt, puis encore des formes dont les avait précédemment revêtues notre sensibilité, il lui fût loisible de pénétrer au dessous de cette écorce d'emprunt; alors seulement nous pourrions être assurés qu'en devenant l'objet de nos connaissances, les choses n'ont pas subi de notables modifications. Mais à quelle condition cela pourrait-il être? A la condition que notre sensibilité ne fût pas notre sensibilité, à la condition que notre entendement ne fût pas notre entendement, à la condition qu'il nous fût permis d'entrer en relation avec les choses autrement qu'au moyen de ces deux facultés. Donc aussi aucune de ces hypothèses ne saurait se réaliser : nous ne pouvons sortir des limites de notre sensibilité et de notre entendement, nous ne pouvons entrer en relation avec les choses autrement qu'au moyen de ces deux facultés. S'il existait des choses qui ne tombassent pas sous l'empire de nos catégories ou conceptions primitives, nous ne pourrions nous en faire aucune notion; de pareilles choses, elles seraient pour nous comme n'existant pas. En leur présence, nous n'aurions aucune perception, nos catégories demeureraient éternellement vides.

Un aveugle possède aussi bien que les plus

clairvoyans les catégories propres à subsumer les perceptions de lumière et de couleur; mais cette aptitude lui est inutile, parce qu'il est dépourvu de la perception des objets éclairés ou colorés. Avec toutes ses catégories, l'aveugle n'est pas plus avancé que s'il en était complètement dépourvu.

Les formes de l'entendement et de la pensée sont ainsi analogues à celles de notre sensibilité. La même analogie se retrouve dans la façon dont les unes et les autres se révèlent à nous. Si l'espace et le temps ne se révèlent à nous qu'au moyen de l'expérience, il en est de même de la quantité, de la qualité, de la relativité, de la modalité. De même que l'espace et le temps, les formes de l'entendement ne sont pas non plus le produit de l'expérience; l'expérience est seulement l'occasion qni les met en lumière; où cette occasion manque, elles demeurent invisibles pour nous. Toutefois, l'espace et le temps sont seulement les formes d'un principe passif, la quantité, la qualité, la relativité, la modalité sont celles d'un principe éminemment actif. Elles appartiennent déjà à un ordre de choses plus élevé. Elles se trouvent déjà mêlées à une portion de notre être plus élevée, pour ainsi dire plus divine.

La portion vraiment sublime, vraiment divine de notre être n'est cependant pas l'entendement; l'entendement n'est pas la véritable couronne de notre être intellectuel; au dessus de l'entendement se trouve une faculté qui lui est supérieure : la raison.

La raison continue l'œuvre de l'entendement; elle amène nos conceptions au plus haut point d'unité auquel il nous soit donné d'atteindre. Elle lie entre elles toutes les parties de la connaissance humaine; elle en fait un ensemble, un système, un tout complet.

Le mode de procéder de la raison consiste à remonter de condition en condition, de cause en cause, de généralité en généralité. Toute conception ne lui paraît légitime qu'à la condition d'être fondée sur une autre conception plus générale; il faut qu'elle les considère comme autant de conséquences de quelque principe plus général. Mais, agissant ensuite de même à l'égard de ces principes eux-mêmes, elle cherche aussi à les rattacher de la même façon à d'autres principes plus généraux. Elle arrive de la sorte à une proposition tellement générale, qu'elle ne peut plus la faire dériver d'aucune autre plus générale; elle arrive à l'inconditionnel, à l'unité, à l'absolu. Ce sera comme un centre où seront venues aboutir toutes les conceptions de la raison, d'où elles rayonneront en tout sens; ce sera le dernier anneau auquel viendra se rattacher la chaîne entière de la connaissance humaine. Ce principe inconditionnel et absolu aura sa racine dans l'essence même de la raison, il lui sera inhérent, il sera la condition nécessaire des conceptions de la raison; il revêtira de ses formes toutes ces conceptions.

Ce principe lui-même pourra être considéré sous trois faces différentes : 1° par rapport à l'ensemble des phénomènes; 2° par rapport aux modifications de l'être sentant, c'est à dire aux impressions que font les choses sur nous; 3° par rapport à la condition suprême de la possibilité des êtres.

Ce n'est pas assez, en effet, pour l'intelligence humaine de créer certaines unités subalternes, de pouvoir dire : un homme, un animal, un arbre. Chacune de ces unités est composée d'un grand nombre d'unités secondaires : dans l'unité d'homme il entre des os, des nerfs, des muscles, du sang (au point de vue physique), que sais-je encore? dans celle de l'animal, suivant ses différentes classes, des os, des nerfs, du sang, ou d'autres élémens analogues ; dans celle de l'arbre, du bois, de la sève, des feuilles, etc. Or, cet homme, cet animal, cet arbre, je puis ensuite les considérer, par la continuation de ce même procédé, au moyen duquel je les ai faits un, malgré la diversité de leurs parties, je puis, dis-je, les considérer à leur tour comme n'étant eux-mêmes qu'autant de parties d'un tout plus grand ; ce tout se confondra à son tour dans un autre tout plus élevé. La conception de totalité se trouvera ainsi successivement appliquée à tous les systèmes particuliers d'objets sensibles existant dans l'espace et dans le temps. Il en résultera qu'en définitive une totalité absolue et sans limites se trouvera formée de tous ces objets : ce tout, cette totalité, c'est le monde, l'univers.

La même marche suivie par rapport aux

modifications qui se succèdent dans l'intelligence humaine conduit à la conception du sujet pensant, du moi.

Mais la raison ne se bornera pas à avoir assez étroitement lié les uns aux autres les objets extérieurs pour en faire un tout, à avoir posé un support aux modifications de l'être pensant. Il ne lui suffit pas d'avoir ainsi posé face à face, pour ainsi dire, le monde et le moi, le moi et le monde. Elle s'élève bientôt dans une région plus haute encore; elle veut se saisir des conditions suprêmes de la possibilité des êtres en général; elle remonte de l'univers et du moi à la source commune du moi et de l'univers; elle arrive à l'idée de Dieu.

Les idées du monde, du moi, de Dieu, sont les plus élevées auxquelles il ait été donné à l'intelligence humaine de parvenir; elles sont à la raison ce que sont les catégories ou les conceptions pures à l'entendement; ce que sont à la sensibilité les formes de la sensibilité. Grâce à elles, les conceptions de l'entendement se lient les unes aux autres, et forment un tout systématique; sans elles, ces conceptions de l'entendement demeureraient éparses et sans liaison, elles flotteraient, pour ainsi dire, çà et là dans notre intelligence. Grâce à elles, l'édifice de l'intelligence humaine se trouve, au contraire, complet et achevé; elles en sont la clef de voûte, elles constituent la dernière limite de notre connaissance : au delà il n'existe qu'un néant peuplé de chimères, vrais enfans de la spéculation. D'ailleurs, déjà nous l'avons dit, ces trois idées ne sont par elles-mêmes que trois faces, que trois côtés d'un même principe, c'est à dire l'inconditionnel, l'un, l'absolu, qui doit se trouver au dessus de toutes choses.

Ces trois idées, ces trois sublimes inconditionnelles, se trouvent dans le même cas que les formes de la sensibilité et les catégories de l'entendement : elles ne nous sont pas données par l'expérience. Pas davantage elles ne sauraient être rigoureusement prouvées, ou, pour parler le langage de Kant, apodectiquement démontrées. Ces idées n'en ont pas moins de réalité : ce ne sont pas de fantastiques créations que nous puissions anéantir à volonté; il ne nous est pas loisible de ne pas les avoir; elles tiennent nécessairement à l'essence même de notre raison; elles en sont les formes nécessaires, on ne pourrait l'en dépouiller. Leur liaison avec notre raison est tellement intime, qu'elles sont absolument indispensables à ses usages les plus vulgaires, à ses emplois les plus journaliers. Si nous ne pouvons pas les connaître dans leur réalité objective, cela ne tient donc nullement à ce que cette réalité leur fait défaut, mais seulement à ce que nous manquons de moyens pour les saisir au sein même de cette réalité. Les recherches auxquelles nous nous livrons à leur égard constituent la branche de nos connaissances appelée métaphysique.

On pourrait résumer, dans le tableau suivant, les formes pures de nos facultés de connaître; ce serait l'esquisse de notre être intellectuel.

SENSIBILITÉ.

Espace — temps.

ENTENDEMENT.

Quantité — qualité — relativité — modalité.

RAISON.

Le moi — le monde — Dieu.

Absolu

ou

Inconditionnel.

La sensibilité, l'entendement, la raison peuvent encore être représentés sous la forme de trois cercles concentriques. Le moi serait au centre. Toutes les impressions faites par les objets extérieurs devraient nécessairement traverser ces trois cercles pour arriver jusqu'à lui; mais, à chacun de ces cercles, toute impression de ces objets subirait une certaine modification. Au cercle de la sensibilité, ces notions apparaîtront dans le temps et l'espace; elles se poseront dans un instant quelconque de la durée, dans un endroit quelconque de l'étendue. Au cercle de l'entendement, elles apparaîtront par rapport à la quantité, à la qualité, à la relativité, à la modalité. Au cercle de la raison, elles apparaîtront comme formant une totalité et se rattachant à ces trois idées plus générales: Dieu, le monde et l'homme.

Il va sans dire que nous employons cette image uniquement comme image. Tous ces cercles que nous faisons distincts, au sein de la mystérieuse unité du moi, se confondent, rentrent les uns dans les autres. Le moi, et ses facultés les plus diverses, ne sont et ne peuvent être autre chose qu'un vrai point mathématique.

Or, l'impression faite sur le cercle le plus éloigné du moi par les objets extérieurs ne se meut pas d'elle-même pour arriver jusqu'à notre centre intellectuel, jusqu'à notre moi. Il existe une force qui, la prenant à l'instant même où elle se manifeste à ce point où nous sommes en contact avec le monde extérieur, la fait passer successivement à travers ces trois cercles, la montre, sous les trois aspects qui en résultent, au moi demeuré spectateur immobile. Cette force, c'est la spontanéité du moi, c'est cette activité intellectuelle au moyen de laquelle nous agissons forcément, nécessairement sur les impressions que nous avons d'abord reçues passivement des objets extérieurs. Son mode d'action, c'est le jugement. Il y a toujours jugement, en effet, dès que nous adjoignons aux objets les attributs du temps et de l'espace; il y a de même jugement, quand nous déterminons une chose par rapport à la quantité, à la qualité, à la relativité, à la modalité; c'est de même au moyen d'une série de jugemens que la raison parvient aux idées du monde, de Dieu, de l'homme intellectuel.

Mais si la spontanéité du moi s'exerce toujours de la même manière, c'est à dire au moyen de jugemens, ces jugemens sont de deux sortes, ils appartiennent à deux classes de jugemens tout à fait distinctes : les uns sont les jugemens analytiques, les autres les jugemens synthétiques.

Les jugemens analytiques consistent à affirmer d'une chose ce qui est déjà contenu dans la représentation de cette chose. Quand nous disons : un corps est étendu, un triangle a trois côtés, ce sont autant de jugemens analytiques. La certitude de ces jugemens est absolue ; ils nous servent à classer les connaissances que nous avons des objets, à les rendre plus claires à nos propres yeux. Mais, en raison même de cette définition, ils n'étendent en rien nos connaissances, ils nous sont inutiles pour acquérir des connaissances nouvelles. Ce qui, en effet, constitue pour nous toute connaissance nouvelle, c'est l'attribution à tel ou tel objet d'un rapport, d'une qualité qui n'était pas renfermée dans la notion première que nous avions de cet objet; c'est là le propre du jugement synthétique. Tout le jugement synthétique consiste dans la liaison de deux choses (le sujet et l'attribut) jusque-là disjointes; dans le jugement analytique, au contraire, il y a seulement séparation, disjonction de deux choses naguère confondues dans la même représentation.

Notons encore deux classes fort distinctes des jugemens synthétiques. Ceux de la première classe résultent de l'expérience et sont analogues à ces propositions. L'or est ductible, la rose est odorante, le feu brûle, etc. Dans tous ces cas, il a fallu percevoir, en réalité, expérimenter les attributs accordés à l'or, à la rose, au feu; ils ont eu une existence de fait pour le premier qui les a affirmés. Ceux de la seconde classe précèdent, au contraire, l'expérience; ils sont analogues à ces autres propositions : la ligne droite est le plus court chemin pour aller d'un point à un autre; tout évènement a une cause, etc., propositions confirmées par l'expérience, mais qu'elle n'a pu nous enseigner. Que puis-je apprendre, en effet, de l'expérience sur ces deux choses?

L'expérience a pu m'enseigner que la ligne droite est le plus court chemin que j'aie encore trouvé d'un point à un autre, que tous les évènemens dont j'ai été témoin avaient une cause : elle n'a pas pu m'apprendre que tont autre chemin, plus court que la ligne droite, est nécessairement et absolument impossible, elle n'a pas pu m'apprendre que tout évènement a nécessairement et absolument eu une cause. Ces jugemens, quant au caractère d'absolue nécessité qui les constitue, sont donc vrais indépendamment de toute expérience; ils sont vrais par anticipation à toute expérience.

Or, ce synthétisme de nos jugemens est la base, le lien, le couronnement de l'édifice entier de nos connaissances. Cette faculté de synthèse est la plus noble prérogative de l'homme, c'est peu dire; elle est l'homme intellectuel tout entier. Les formes de la sensibilité, les catégories de l'entendement, les idées de la raison, en elles-mêmes, ne sont qu'une table rase, qu'un cadre vide. Çà et là apparaissent ensuite des perceptions, produites en nous par l'impression des objets extérieurs;

ces perceptions sont isolées, elles n'ont point de lien; au moyen de notre faculté d'analyse, nous pouvons bien les diviser, les subdiviser, les réduire à leurs élémens, mais nous ne saurions les rattacher les unes aux autres, les organiser en un tout quelconque, qu'au moyen de notre faculté de synthèse.

Cette faculté est le verbe qui de mots épars, isolés, sans signification, fait une proposition pleine de sens et de raison; elle est la parole créatrice de notre intelligence.

CRITIQUE DE LA RAISON PRATIQUE.

La destination de l'homme n'est pas renfermée tout entière dans la connaissance. Il n'est pas seulement un être doué de raison, sa seule mission sur la terre n'est pas de se rendre compte de la multitude des phénomènes auxquels il impose les lois de son entendement. L'homme est aussi un être actif, agissant; de puissans, d'irrésistibles instincts le poussent à réaliser sa pensée, à écrire dans des œuvres matérielles l'histoire de sa vie. L'homme ne se demande donc pas seulement : que puis-je savoir? l'homme se demande, avec une anxiété bien plus vive encore : que puis-je et que dois-je vouloir? que m'est-il permis d'espérer?

De là tout un ordre de choses procédant de l'activité pratique du moi. Les volontés d'où proviennent mes actes viennent de moi, procèdent de moi ; je peux les altérer, les changer, les créer ou les anéantir à volonté ; il me suffit pour cela de vouloir, de ne pas vouloir, ou de vouloir de telle et telle façon. La réalité propre aux phénomènes de cette espèce m'appartient donc personnellement. Celle appartenant aux phénomènes qui constituent la connaissance, tout au contraire, existe en dehors de moi ; elle ne m'apparaît que déjà transformée par le milieu où elle a passé ; enfin, je ne puis ni la produire ni l'anéantir à volonté. Déterminées par ma conscience, mes volontés me donnent l'assurance que le moi n'est pas une illusion. J'agis et je veux ; j'agis parce que je veux, je veux parce que je veux, voilà pour moi la véritable preuve de mon existence, et aussi de l'existence des choses qui me sont étrangères. Si j'étais destiné seulement à savoir, si je n'étais qu'un miroir suspendu au dessus du monde et destiné à le réfléchir, après m'être convaincu que ces images n'existent que pour moi, n'existent qu'en moi, dépourvues qu'elles sont de toute vérité objective, peut-être ne pourrais-je me défendre de la crainte qu'il en fût ainsi de moi et de ma propre existence; mais, dès qu'après avoir voulu je puis agir, et agir ainsi que je l'ai voulu, n'est-il pas évident qu'un nouvel ordre de réalité commence à se manifester?

Or, les phénomènes de la volonté ne sont pas soumis aux mêmes lois que les phénomènes de la connaissance. La volonté ne dépend que du moi, elle jouit d'une indépendance refusée à la science; ces lois de succession, de causalité, de nécessité, qui gouvernent le monde phénoménal, ne sont point faites pour elle. L'état en soi de la volonté, sa manière d'être, son essence, sont la liberté, la spontanéité. Mais par cela même que les volontés de l'homme sont libres, l'homme est responsable de ce qu'il veut; il est susceptible d'encourir aux yeux de tous, aux siens propres, l'estime ou le mépris; force lui est de juger ses propres actes d'après ses idées du bien et du mal. Aussi, dans l'intimité, dans l'essence même de sa conscience, l'homme trouve-t-il certaines règles qu'il est comme contraint d'imposer à ses actions ; et ces règles, qui ne souffriront pas d'exception, seront dans la conscience, dans l'ordre moral, ce qu'auront été dans l'ordre de la science les formes de la sensibilité, les lois de l'entendement, les idées de la raison.

Or, une voix secrète qui retentit dans l'intérieur de la conscience, dont l'autorité est irréfragable, dit à l'homme : *Sois vertueux.* Cette voix, plus puissante que tout sentiment de peine et de plaisir, lui dit : « Tu ne dois jamais rechercher ton bien-être et ton bonheur aux dépens de la justice et du bien. — Elle ajoute : Tu dois pratiquer la justice, faire ce qui est juste et bon, aux dépens même de ton bien-être et de ton bonheur. —Le type inaltérable du juste et du bon se trouve ainsi *à priori*, indépendamment de toute expérience, dans le cœur de l'homme. A la vérité, es moralistes du dernier siècle ont voulu le nier ; ils se sont mis pour cela en quête de quelques coutumes cruelles ou bizarres, chez les peuplades les plus sauvages et les plus inconnues du globe. Quelques peuples de l'Amérique égorgent, comme on sait, leurs vieillards, quand ceux-ci sont parvenus à un certain âge; d'autres les placent sur un arbre, secouent les branches de cet arbre, puis égorgent ceux d'entre eux qui se laissent tomber; mais là encore, malgré l'atrocité de l'application, se reconnaît pourtant l'idée de justice. Pourquoi, ne pas se contenter d'abandonner les vieillards, sans plus s'en inquiéter, à toutes les angoisses de la faim et de la maladie? Au fond de ces actions, aussi bien que dans toutes les autres, se retrouve donc, en définitive, l'idée de justice. C'est qu'en effet l'idée du juste et du bon est comme le fondement de la conscience morale; l'homme se trouve tout aussi bien dans la nécessité de coordonner ses actions, par rapport à ces deux principes, que dans celle d'ordonner ses jugemens par rapport à la causalité, à la modalité, etc. De là, en d'autres termes, la nécessité d'agir par rapport à la loi du devoir. La loi du devoir est l'accomplissement sans réserve, la mise en pratique dans notre conduite extérieure de nos notions du juste et du bon.

La soumission à cette loi constitue la moralité, la dignité de l'homme ; cette loi est, pour mieux dire, l'homme moral tout entier. L'homme est sûr qu'il s'y conforme, quand il agit de telle sorte que le motif de son action serait propre à devenir une règle universelle dans l'ordre général des choses. Une maxime bien belle dans sa trivialité, a dit : « Fais ce que dois, advienne que pourra. » La philosophie critique n'est, en définitive, qu'un long et savant développement de cette maxime, qu'elle finit par convertir en celle-ci : « Agis de telle sorte que ta volonté puisse devenir une règle universelle dans la législation de tous les êtres raisonnables. » Règle sublime, en effet, par la pratique de laquelle l'homme anéantit son individualité, et participe au gouvernement des hommes et des choses.

En même temps que la voix de la conscience dit à l'homme : *Sois vertueux*, ses intérêts naturels lui disent aussi : *Sois heureux*. Toute une partie de sa nature le pousse vers le bonheur, pendant qu'une autre partie de cette même nature, la plus sublime et la plus élevée, le porte à la vertu. Cependant, la vertu ne conduit pas au bonheur sur la terre. Beaucoup de moralistes se sont évertués à nous montrer la prospérité de l'homme de bien, la punition du méchant; d'autres ont soutenu la thèse contraire; et le spectacle du monde, notre expérience journalière, ne témoignent que trop, il faut en convenir, en faveur de l'argument de ces derniers. Il faut ajouter que la vertu qui menerait au bonheur, que la vertu qui ne serait qu'une sorte d'instrument de bonheur, ne ressemblerait plus en aucune façon à la vertu telle que nous l'imaginons. D'un autre côté, nous ne pouvons nous résoudre à ne pas concevoir la vertu heureuse, récompensée; cela nous semble une odieuse contradiction. Or, il n'est qu'un moyen de faire cesser cette contradiction : c'est d'admettre que ces deux tendances de l'homme, en apparence divergentes, n'en atteindront pas moins un même but; qu'un moment arrivera où elles viendront aboutir à ce même but final; qu'à ce moment le bonheur sera nécessairement allié à la vertu. Mais ce n'est pas sur notre terre que ces choses pourront arriver ; ce sera hors de cette terre, dans un autre ordre de choses. De là la nécessité d'une autre vie après notre vie dans le temps.

Le spectacle de l'univers et le sentiment de ma propre conscience m'amènent donc nécessairement à la supposition d'un état à venir : dans cet état se trouvera conciliée la contradiction aujourd'hui existante entre la vertu et le bonheur. Je ne saurais ne pas admettre la nécessité des récompenses et des punitions, par conséquent, celle d'un juge, d'un rémunérateur. D'un autre côté, le type du juste et du bon m'est donné, ce type est le même dans tous les hommes, il demeure identique à lui-même au dessous de tout ce qui est fugitif, accidentel, variable dans l'homme, il me faut donc admettre la nécessité d'une justice et d'une bonté absolue en soi ; or, cette justice, cette bonté absolue, c'est *Dieu*. Dieu m'est ainsi donné dans le secret de ma propre personnalité ; il se manifeste en moi par ma conscience. Sa volonté est la loi de l'ordre moral, universel, la raison souveraine. Ce n'est pas, il est vrai, le Dieu de la spéculation; ce n'est pas ce Dieu cause, substance étendue, qu'elle s'est d'ailleurs trouvée incapable de démontrer; c'est le Dieu de la conscience; il nous est prouvé par la raison pratique, non par la raison spéculative. Kant a dit encore : « Le ciel étoilé au dessus de ma tête, la loi du devoir au fond de mon cœur, suffisent à me révéler l'existence de Dieu. » Puis on a dit aussi une autre parole également magnifique à l'occasion de ce Dieu dont le trône et le royaume se trouvent dans l'intimité même de notre nature; on a dit : « Le ciel n'est point au dessus de nos têtes, il est dans le cœur de l'homme de bien. »

CRITIQUE DU JUGEMENT.

La troisième face du système critique de Kant regarde le jugement : analysons-le brièvement.

Le jugement est la faculté de rattacher le particulier au général, de concevoir le particulier comme compris dans le général. Dans certains cas, le général est donné; le jugement n'a pas alors d'autre fonction que de déterminer que le particulier s'y trouve compris. Dans d'autres cas, le général n'est point donné, il faut le chercher ; dès lors, le jugement doit d'abord chercher le principe général auquel il devra rattacher les cas particuliers. S'agit-il, par exemple, de quelque phénomène se manifestant dans le domaine de la nature, il faudra s'occuper de déterminer d'abord ce qu'il y a de plus général dans les lois de la nature.

S'agit-il de tel ou tel objet, il se demandera d'abord pourquoi cet objet existe, puis dans quel but, enfin comment la manière d'être, la nature propre de cet objet se trouvera être en harmonie avec ce but. Ce dernier point de vue sera même le plus essentiel. Il se rattachera à cette supposition plus générale, que l'ensemble des objets, c'est à dire la nature, se trouve nécessairement en harmonie avec notre faculté de connaître. Tout objet peut être considéré esthétiquement et logiquement ; il a, pour ainsi dire, deux natures, deux manières d'être : l'une esthétique, l'autre logique. Ce qui constitue la première, c'est le côté par lequel cet objet nous apparaît, l'impression que nous en recevons; ce qui constitue sa nature logique, c'est ce qui en lui concourt formellement ou matériellement à l'harmonie générale des choses. Or, la concordance que nous trouvons entre telle chose et tel but n'appartient point à cette chose, n'est point en elle; c'est, au contraire, une opinion tout à fait subjective; elle nous appartient en propre et se trouve déterminée par notre propre manière d'être.

Le jugement est de deux sortes : il a rapport à notre manière de percevoir ou de comprendre les choses, au plus ou moins de sentiment de plaisir qu'elles nous font éprouver; ou bien il a rapport à l'ordonnance harmonique des choses entre elles, à leur fin; il se rapporte à l'harmonie objective de la nature. Le beau, l'agréable et le bon sont les objets des jugemens esthétiques; la perception que nous en éprouvons est accompagnée de plaisir. Il y a cependant certaines différences dans la manière dont nous en sommes affectés. La sensation que nous fait éprouver le beau est la plus complète. Le beau est la plus élevée de toutes les formes possibles du jugement esthétique; elle préexiste en nous, elle existe en nous indépendamment de toute expérience. C'est une forme qui nous est inhérente, qui tient à notre propre manière d'être. Il ne dépend pas plus de nous de ne pas juger les objets par rapport au beau, qu'il ne dépend de nous, dans la sphère de la raison pratique, de ne pas les juger par rapport au bon et au juste. Si les hommes et les peuples peuvent, en effet, varier sur les applications de l'idée du beau, il n'en est pourtant aucun chez lequel on ne trouve cette idée. Si le laid a pu quelquefois être honoré, c'était en qualité de beau, c'était par une application détournée et faussée de l'idée du beau ; en tant que laid, le laid n'a jamais été goûté.

La connaissance de la nature est possible pour nous, mais seulement avec la supposition adoptée de certaines relations nécessairement existantes entre la nature et notre entendement; avec celle d'une certaine harmonie régnant entre tous les objets de la nature; enfin avec cette conviction qui s'élève instantanément en nous à la vue de tel ou tel objet, que cet objet est nécessairement coordonné par rapport à tel ou tel but. Considérés sous ce point de vue, les êtres organisés sont le produit le plus élevé de la nature. Étudiez un organisme quelconque : chacune des parties est ordonnée par rapport à l'ensemble, et l'ensemble l'est lui-même par rapport à chaque partie; là tout est à la fois but et moyen. Aussi la forme la plus élevée du jugement téléologique est-elle de considérer la nature comme un vaste organisme. Ici encore nous retrouvons une forme de notre jugement existante en nous, inhérente à nous, dont nous ne pourrions nous dépouiller.

Considérée dans l'acte de juger, l'activité synthétique s'exercera de deux manières : elle sera esthétique ou téléologique. Dans le premier cas, elle rapporte toutes choses à l'idée du beau; dans le second, elle s'efforce de rattacher toutes choses à un but.

Telle au moins fut en abrégé la philosophie de Kant. Devenue célèbre dans toute l'Europe, elle ne fit que peu de sensations à sa naissance. La critique de la raison pure, publiée en 1781, fut d'abord presque oubliée. Kant avait enveloppé sa pensée de formes peu attrayantes : le talent d'écrire lui manquait; il se servait d'une terminologie bizarre, pour mieux dire d'une langue à part; enfin, ce n'est guère qu'à un âge où l'imagination commence à perdre de sa force et de son éclat, qu'il écrivit. D'ailleurs sa pensée n'était point de celles qui peuvent être immédiatement à la portée de tous. Or, dès que vous vous trouvez en avant de votre siècle, il faut bien laisser à votre siècle le temps de vous rejoindre. Toutefois, les idées de Kant se dégagèrent peu à peu des formes qui d'abord les avaient voilées aux regards; les interprètes et les commentateurs se présentèrent en foule, et les adversaires ne leur firent pas défaut.

Parmi ces derniers se trouvaient beaucoup d'esprits distingués. Ils reprochaient à la philosophie critique de n'être nouvelle qu'en apparence, d'aboutir à une sorte d'idéalisme destructif de toute vérité objective, d'être hostile à nos croyances à Dieu, à l'immortalité de l'ame. Ils l'accusaient de diviser, de séparer avec soin les diverses facultés de l'intelligence humaine, la sensibilité, l'entendement, la raison pure, la raison pratique, mais de n'établir entre ces facultés aucun lien, aucune unité. Ils lui reprochaient de donner seulement de nouvelles forces au scepticisme, en n'aboutissant à aucune solution définitive sur les objets qui nous intéressent le plus vivement. Ceux qui lui faisaient ces derniers reproches, étaient surtout Hermann, Jacobi, Eberhard, Feder, Schulz, Herder, etc. A la vérité, quelques uns des partisans de la nouvelle philosophie ne lui faisaient pas un moindre tort que ses adversaires : ils enchérissaient à qui mieux mieux sur l'obscurité et la complication du langage et de la terminologie de Kant, par eux-mêmes déjà si obscurs et si compliqués. D'un autre côté, si l'étude de la philosophie critique ne pouvait manquer de fortifier et d'éclairer les esprits, il est juste de dire qu'elle causait une sorte de désappointement. Ne démentant pas son titre, elle était purement critique. Elle introduisait bien une nouvelle donnée dans l'équation générale de la connaissance humaine, elle donnait bien une nouvelle méthode pour résoudre cette équation; mais elle-même ne cherchait pas cette solution, elle-même se mettait peu en peine de dégager l'inconnue. Elle détruisait bien de fond en comble l'ancienne ontologie, mais ne lui en substituait point une nouvelle; elle tendait, tout au contraire, à détruire toute espérance d'en trouver jamais une autre qui fût vraiment satisfaisante. Elle créait de nouveaux instrumens pour nos recherches philosophiques, et rétrécissait en même temps le cercle où ces recherches pouvaient être exercées. C'était tout à la fois aiguillonner et retenir l'esprit humain, action et réaction de nature à produire une grande excitation. Ainsi s'explique comment, à la sorte d'indifférence et d'apathie qui l'avait d'abord accueillie, succéda bientôt la plus vive fermentation intellectuelle.

Notons encore une des causes qui soulevèrent contre la philosophie critique de nombreuses répugnances : sa prétention d'emprisonner le sentiment moral dans d'étroites et rigoureuses formules froissait, dans leurs plus nobles instincts, beaucoup d'esprits distingués.

Le principal organe, l'interprète le plus éloquent de ces sentimens, fut Jacobi. Aussi la philosophie de Jacobi est-elle, sous beaucoup de rapports, l'opposé de celle de Kant. Elle ne porte pas sur des bases scientifiques, elle ne s'arrange d'aucune formule, elle en appelle incessamment à la voix intérieure de la conscience, à l'élan de l'ame. Selon Kant, la science est née de l'impression produite en nous par les objets extérieurs, elle est l'objectif dans le subjectif; selon Jacobi, la science viendraït de nous, nous la transporterions dans le monde extérieur, elle serait un subjectif dans l'objectif. Inconnu de nous, le Dieu de Kant n'existe pas pour nous : il réside au delà des limites au dedans desquelles nous devons vivre et savoir; le Dieu de Jacobi est sans cesse présent, il est en nous, vit en nous, se manifeste à nous par notre conscience; il est l'objet de nos désirs infinis, insatiables. Kant s'efforce de tenir d'une main impartiale la balance entre le monde intellectuel et le monde matériel; Jacobi s'efforce de la faire pencher en faveur du monde intellectuel, du monde moral. Dans toute connaissance Kant distingue deux choses : ce qui appartient à l'expérience, et ce qui en est indépendant; Jacobi veut que la connaissance soit simple, mais de source toute divine; s'il consent à la diviser en connaissance *à priori* et connaissance *à posteriori*, il en voit cependant la vraie source dans la seule connaissance *à priori*, connaissance qui n'est, en définitive, que la croyance. « Nous sommes tous nés dans la croyance, dit-il, et nous devons vivre et mourir dans la croyance. Sans la croyance, nous ne pourrions ouvrir une porte, nous asseoir à table, nous mettre au lit (1). » Une croyance née en nous, existant en nous, s'épanchant çà et là au dehors de nous, au fur et à mesure de nos contacts multipliés avec les objets extérieurs, voilà pour Jacobi la seule source légitime de la science humaine.

Jacobi proteste surtout énergiquement contre les rigoureuses définitions de la morale données par Kant; il ne peut se résoudre à laisser la liberté humaine renfermée dans les limites scientifiques tracées par la main ferme et inexorable de Kant. Aussi ne cesse-t-il d'en appeler à ce qu'il y a en nous d'illimité, d'infini, d'éternel. Tandis que pour Kant la morale est tout entière dans l'observation de la loi du devoir, Jacobi ne veut la voir que dans ce qu'il

(1) Voir les lettres sur la *Doctrine de Spinosa*.

y a en nous d'élan vers le bon, le beau, le sublime, dans ce que nous recélons de vraiment inspiré. Toute définition rigoureuse du devoir lui semble injuste, attentatoire à l'indépendance, à la souveraineté de la conscience humaine. Sur ce sujet, nous ne pouvons nous résoudre à ne pas citer quelques unes des plus nobles paroles de Jacobi, paroles déjà bien souvent citées : « Oui, dit Jacobi, je mentirais comme Desdemona mourante, je tromperais comme Oreste quand il veut mourir à la place de Pylade, j'assassinerais comme Timoléon, je serais parjure comme Épaminondas et Jean de Witt, je me déterminerais au suicide comme Caton, je serais sacrilége comme David; car j'ai la certitude en moi-même qu'en pardonnant à ces fautes suivant la lettre, l'homme exerce le droit souverain que la majesté de son être lui confère; il appose le sceau de sa divine nature sur la grace qu'il accorde (1). » On dirait Platon s'efforçant d'échapper, sur les ailes de l'inspiration, aux rigoureuses formules d'Aristote; chez Platon et chez Jacobi c'est,

(1) De l'Allemagne.

en effet, la même grace, la même élégance, le même culte du beau, la même facilité à s'élever des considérations les plus vulgaires, les plus mêlées, à la vie de tous les jours, aux plus hautes pensées, aux plus hardies spéculations.

Les effets produits par la philosophie de Kant furent immenses. Cette philosophie détruisait, en la développant, la philosophie sceptique de Hume; elle continuait, notamment dans tout ce qui a rapport aux idées innées, la philosophie de Leibnitz; enfin elle portait à la philosophie matérialiste un coup dont elle ne devait jamais se relever. Donner une preuve irréfragable qu'en nous quelque chose préexistait à la sensation, c'était, en effet, renverser la base même de cette philosophie, le grand axiome de Locke : il n'y a rien, etc., etc.

Par ce dernier côté, la philosophie nouvelle était surtout appelée à exercer une immense influence. Déjà nous avons indiqué le point où devait s'arrêter la philosophie matérialiste dans chacune des voies où elle s'engageait; nous avons dit comment en physique cette philosophie aboutissait à l'atome, en métaphysique à la sensation, en morale à l'intérêt bien entendu, en politique à l'individualité, en analyse du langage à l'interjection. Or, dans chacune de ces directions, la philosophie de Kant allait au delà de ce dernier terme donné par l'expérience. En cosmologie, en psychologie, en morale, Kant s'était chargé d'en donner lui-même la démonstration; il avait fait sur tous ces sujets des applications de sa méthode critique, de son point de vue transcendental. D'autres firent des applications analogues de cette même méthode, de ce même point de vue, aux théories alors régnantes sur le langage, la politique, l'histoire. Quelle est, en effet, le point de vue dominant, l'idée-mère de la philosophie de Kant? c'est de chercher quelque chose au delà du fait, et, pour ainsi dire, derrière le fait livré par l'expérience; c'est de chercher un lien aux choses que l'expérience nous livre éparses, isolées; c'est de leur imposer une forme générale; en un mot, c'est toujours de conclure de l'expérience à quelque autre chose qui ne soit pas l'expérience, qui soit au delà de l'expérience. La science sociale, l'histoire ne pouvaient donc pas tarder à être à leur tour considérées d'un point de vue analogue. Kant avait découvert, dans l'essence même de l'intelligence humaine, certaines formes générales, certaines lois invariables qui subsumaient toutes nos perceptions, qui s'imposaient à elles : les successeurs de Kant devaient se trouver fort naturellement conduits à tenter quelque chose de semblable sur l'homme collectif, sur l'homme social, à leur tour ils devaient chercher dans l'essence même de cet être collectif, de cet être social, les formes, les lois générales qui présidaient aux manifestations les plus variées de son activité propre. Il fallait conclure qu'au dessous de ce que l'histoire nous présente d'accidentel et de contingent se trouvait quelque chose de permanent, de réel, qui forçait les faits à se succéder dans l'ordre où ils se succèdent, qui leur imprimait une sorte d'unité substantielle; il le fallait, disons-nous, sous peine de se refuser aux inductions les plus légitimes. La philosophie de l'histoire, cette science si chère à notre siècle, cette pensée centrale autour de laquelle gravite le mouvement intellectuel de l'époque, sortait donc tout entière de la critique de Kant.

Cette critique offrait tout à coup, sous des formes nouvelles, le devoir, le beau, le bien, la liberté humaine, en un mot les belles choses de l'ame. Pour la philosophie matérialiste, toutes ces choses n'étaient qu'autant d'abstractions vides de sens, dépourvues de vérité; la philosophie de Kant leur donnait tout à coup un sens, une signification, leur restituait leur valeur primitive. Au point de vue matérialiste, l'homme moral disparaît, s'engloutit, pour ainsi dire, au sein du monde physique : c'est le géant de la fable, gémissant sous les montagnes entassées, mais ces montagnes avaient été tout à coup soulevées, écartées, jetées au loin par la toute-puissante main du philosophe de Kœnigsberg. Kant avait montré que le temps et l'espace n'appartenaient pas aux objets extérieurs, à la nature physique. Or, n'était-ce pas enlever en quelque sorte toute réalité à cette nature physique? n'était-ce pas, puisque toutes les autres propriétés de la matière se rattachent nécessairement au temps et à l'espace, la réduire à l'existence purement phénoménale? n'était-ce pas réduire les choses extérieures à n'avoir d'autre existence que celle de formes, ou de notions intellectuelles? Mais cette réalité que Kant leur enlevait, il la donnait en quelque sorte du même coup aux notions morales; il montrait comment celles-ci, en tant qu'inhérentes à notre nature intime, en tant que formes de notre esprit, n'avaient pas moins de vérité, de réalité que les premières. Tout en exprimant sa morale d'une manière scientifique, à l'aide de rigoureuses formules, Kant n'en rendait donc pas moins l'air, la vie, la liberté au sentiment moral.

De là des théories nouvelles en fait d'art et de littérature; de là toute une source d'idées, de sentimens jusqu'alors comme inconnus ou comprimés, qui ne devaient pas tarder à jaillir au monde. C'est le propre des grandes idées d'aller ainsi prendre tout à coup possession de l'avenir. Aussi la philosophie de Kant imprima-t-elle à l'Allemagne un immense mouvement philosophique et littéraire; elle fut l'inspiration première, la pensée-mère de tous les grands travaux qui signalèrent en ce pays la fin du XVIIIe siècle.

Kant est né à Kœnigsberg, le 22 avril 1724; il est mort le 12 avril 1804, touchant à sa quatre-vingtième année.

C'est à peu près à ces deux évènemens que se réduit sa biographie. A vrai dire, il n'eut ni vie ni histoire. Comme nous l'avons dit, il ne sortit jamais de sa ville natale; et, suivant l'expression de Mme de Staël, on n'a guère que chez les Grecs l'exemple d'une vie aussi rigoureusement philosophique. Parmi les modernes, la vie seule de Spinosa pourrait être comparée à celle de Kant. La méditation solitaire, le recueillement, ses leçons à l'Université de la ville où il fut répétiteur, puis professeur de philosophie, puis quelques instans doyen, remplissaient ses journées. La monotonie la plus parfaite présidait à leur distribution : se lever, boire le café, écrire, faire son cours, aller à la promenade, tout avait son heure; un spirituel écrivain a dit à ce sujet : la grande horloge de la cathédrale n'accomplissait pas sa tâche avec plus de régularité qu'Emmanuel Kant. Sans ambition, n'ayant pas approché les grands de la terre, il vécut et mourut ignoré d'eux; il est possible que son nom ait été ignoré du monarque dont il était le sujet.

C'est du sein de cette vie uniforme, monotone, que sortit cette grande pensée qui devait donner à la science un mouvement, une impulsion qui dure encore. Ce contraste ne manque pas de charmes pour l'imagination. Pendant ce temps, la destinée de sa patrie était grande, orageuse, semée de succès et de revers.

Frédéric le Grand avait succédé à son père, second souverain de la Prusse. Celui-ci avait laissé de grandes ressources de toute sorte : une armée nombreuse, un trésor incessamment grossi par de continuelles épargnes, une administration disciplinée comme un régiment; toutes choses qui ne pouvaient pas demeurer inutiles dans des mains telles que celles de Frédéric. Il s'empare de la Silésie, et prend sa part au partage de la Pologne. Soutenue par la France, l'Autriche s'efforce en vain de reprendre la Silésie. Plus tard se forme contre le conquérant une coalition de l'Autriche, de la France, de la Suède, des princes de l'empire; mais elle demeure sans succès. Imperturbable au milieu des assauts sans cesse renouvelés qu'il soutient pendant sept années, Frédéric fait face à tous les dangers. Par la force de sa volonté, de timide, que l'avait créé la nature, il se fait un héros; par l'audace et la rapidité de ses marches, il multiplie comme à volonté ses armées; par la nouveauté de sa tactique, il supplée au nombre.

Mais, chose bizarre! la Prusse semble à peine attirer de temps à autre l'attention du véritable fondateur de la monarchie prussienne. Les yeux de cet Allemand ne quittent pas Paris; c'est là qu'est son public, c'est de là que doit venir la récompense qu'il ambitionne. Comme Alexandre, au passage du Granique, Frédéric peut s'écrier : « O Athéniens, que de peines pour être applaudi par vous! » Les croyances, le patriotisme, la nationalité, tous ces mobiles qui jusque-là avaient fait les grands hommes, ne sont pas ceux de Frédéric. En dehors de la croyance, de la tradition, de la nationalité; sceptique, ironique, et dénué d'élan, Frédéric est déjà, sous de colossales proportions, l'homme moderne; il est l'homme tel que la civilisation de l'époque nous le montre dans un avenir de plus en plus rapproché, l'homme déchu de ses instincts nobles et naïfs, jeté en tout pays dans un même moule, couvert d'un même vêtement, parlant un même langage, mais aussi tout puissant par l'intelligence et la volonté. L'ignorance de la littérature et de la philosophie allemandes, où Frédéric demeura toute sa vie, a déjà été expliquée par cette remarque; mais il n'était pas hors de propos de la rappeler en ce moment.

Cette remarque explique, en effet, jusqu'à un certain point, comment, grâce à ce mélange de qualités et de défauts, Frédéric a fondé l'État moderne par excellence. Nous entendons par ce mot un état fondé en dehors de toutes conditions historiques et géographiques. Jusqu'alors, en effet, certaines limites naturelles qui renferment, dans un espace déterminé, les agglomérations d'hommes appelées nations, ou bien encore certaines conditions qui se rattachent à un passé commun à ces agglomérations d'hommes, avaient été les fondemens de l'État; mais, à compter de Frédéric, un État apparut sur la scène du monde, dont toutes les parties, hétérogènes dès l'origine, dénuées de toute affinité naturelle les unes à l'égard des autres, n'eurent ensemble que des rapports arbitraires, artificiels, à elle imposés par une volonté puissante. Pour la première fois, on vit un État tout entier sorti de la volonté humaine; pour la première fois, il y eut un État créé par un fait de cette volonté, et qui ne subsista qu'à l'aide de sa perpétuelle intervention. On vit un État abstrait, rationnel, idéal.

En face de cette brillante nouveauté, le passé, représenté par l'Autriche, conservait cependant une imposante majesté. Alliée toujours fidèle de la papauté, l'Autriche, après avoir combattu la réforme, se défendait alors contre l'invasion des idées françaises. Un moment elle faillit succomber sous les armées de la Bavière et de la Prusse; mais dans la grande Marie-Thérèse s'était réfugié l'antique héroïsme. La mère sauva l'impératrice. Les fidèles Hongrois ne s'écrièrent pas en vain, en brandissant leurs sabres : « Mourons pour notre roi, Marie-Thérèse. » Malgré l'épée menaçante de la Prusse, le trône impérial resta donc debout. Joseph II, à la vérité, qui se tournait vers les innovations, mit le trouble dans ses États pour quel ques instans. L'Autriche rentra bientôt dans sa voie accoutumée; elle reprit aussitôt le rôle de représentant du passé auquel en ce moment elle est encore fidèle, et qu'à l'époque dont il est question elle sut remplir avec courage, intelligence et simplicité.

Au reste, sans se laisser envahir par les nouveautés, les hommes d'État de cette monarchie ont toujours eu trop d'habileté pour ne pas savoir s'en accommoder au besoin. Aujourd'hui encore, l'Autriche demeure fidèle aux saintes traditions du passé; mais y a-t-il si long-temps encore que nous vîmes une de ses archiduchesses venir, au milieu de nous, partager la couche du soldat couronné de la Révolution française?

OUVRAGES DE KANT.

Idées sur la manière d'apprécier les forces vives. Kœnigsberg, 1756, in-8°. — Principiorum metaphysicorum nova dilucidatio. *Ibid.*, 1755, in-4°. — Considérations sur l'opticisme. *Ibid.*, 1759, in-4°. — Essai pour introduire en philosophie la notion des grandeurs négatives. *Ibid.*, 1762, in-8°. — Seule démonstration possible de l'existence de Dieu. *Ibid.*, 1773, dern. édit., 1794, in-8°. — La fausse subtilité des quatre figures syllogistiques. *Ibid.*, 1764; Francfort et Leipsig, 1797. — Observations sur le sentiment du beau et du sublime. *Ibid.*, 1764, in-8°, Riga, 1771. — Rêves d'un homme qui voit des esprits. Riga, 1766; in-8°, 1769. — Histoire générale de la nature et théorie du ciel, IVe édit. Zeitz, 1808, in-8°. De mundi sensibilis atque intelligibilis formâ et principiis. Regiomont. 1770, in-4° (ouvrage où il proposa l'idée fondamentale de sa Critique). Ces écrits, ainsi que plusieurs autres, sont rassemblés dans les œuvres diverses d'Emmanuel Kant. Kœnigsberg et Leipzig, 1797, 3 vol. in-8°. Œuvres mêlées, édition authentique et complète (publ. par Tieftrunk). Halle, 1799-1807, 4 vol. in-8°. — Recueil de quelques écrits d'Emmanuel Kant, non publiés jusqu'à ce jour (publ. par Rink). Kœnigsberg, 1800, in-8°. — Critique de la raison pure. Riga, 1781; VIe édit. Leipzig, 1818, in-8°. — Critique de la raison pratique. Riga, 1788; Ve édit., Leipzig, 1818, in-8°. — Critique du jugement. Berlin, 1790; IIIe édit., 1799, in-8°. — Prolégomènes pour toute métaphysique future, etc. Riga, 1785, in-8°. — Fondemens d'une métaphysique des mœurs. Riga, 1785, in-8°; IVe édit., 1797. — Principes métaphysiques élémentaires de la Science de la nature. Riga, 1786, in-8°; IIIe édit., 1800. — Sur une découverte d'après laquelle toute nouvelle critique de la raison pure sera rendue superflue par une autre critique plus ancienne. Kœnigsberg, 1792, in-8°. — La religion considérée dans les limites de la raison. *Ibid.*, 1783, in-8°; IIe édit. augm., 1794. — De la paix perpétuelle, essai philosophique. *Ibid.*, 1795-1796, in-8°. — Élémens métaphysiques de la jurisprudence. *Ibid.*, 1799, IIe édit., 1803, contenant ces deux derniers traités sous le titre : *Métaphysique des mœurs*. — Anthropologie sous le point de vue pragmatique. *Ibid.*, 1798; IIIe édit., 1821, in-8°. — Le combat des facultés. *Ibid.*, 1798, in-8°.

(Voir *Tennemann.*)

LIVRE III.

FICHTE.

ARGUMENT.

PHILOSOPHIE FRANÇAISE.

Maine de Biran. — Destutt-Tracy. — Garat. — École normale.

FICHTE.

COMMENCEMENT DE FICHTE. — SA RENCONTRE AVEC KANT. — SON JOURNAL. — CARACTÈRE DOMINANT DE SA DOCTRINE.

POINT DE DÉPART DANS LA PHILOSOPHIE DE KANT.

SYSTÈME AU POINT DE VUE SCIENTIFIQUE.

Le moi. — Rayonnement du moi. — Achoppement du moi. — Retour du moi sur lui-même. — La conscience. — Le non-moi créé par le moi. — Ensemble de nos facultés intellectuelles. — La volonté. — La loi du devoir.

AUTRE EXPOSITION DU SYSTÈME.

La sensation. — Analyse de la sensation. — Simple modification de l'être sentant. — Impossibilité où elle se trouve d'enseigner le monde extérieur. — Ce monde n'existe pas par la science. — Il est par la foi, par la croyance.

APPLICATION DU SYSTÈME.

L'action. — Véritable destination de l'homme. — Réalisation de la notion du devoir. — De là l'état. — La morale. — Le droit des gens. — L'histoire. — L'histoire ayant un plan général. — Les deux termes extrêmes. — Cinq périodes au moyen desquelles elle va de l'un à l'autre. — Enchaînement nécessaire de ces époques les unes aux autres. — Terme final des progrès de l'humanité sur cette terre.

DU MONDE INTELLIGIBLE.

Il existe un autre monde que le monde matériel. — Ce monde intelligible se confond dans l'intimité du moi avec le monde matériel. — Nous agissons dans les deux. — La loi du devoir est la loi suprême qui régit ce monde intelligible. — Grâce à elle, il peut s'y passer des effets analogues à ceux de la pesanteur dans le monde matériel.

RESSEMBLANCE DE FICHTE AVEC KANT ET JACOBI.

OPPOSITION DE FICHTE A LA PHILOSOPHIE ET A LA DOMINATION FRANÇAISES.

DE L'EMPIRE DANS SES RAPPORTS AVEC L'ALLEMAGNE.

DERNIER MOT SUR LE CARACTÈRE GÉNÉRAL DE LA PHILOSOPHIE DE FICHTE.

LIVRE III.

FICHTE.

On l'a dit souvent : la Révolution française fut la fille de la philosophie du XVIIIe siècle. Cette philosophie régna à la tribune de l'Assemblée nationale, à celle de la Constituante, à celle de la Convention. De là, cette sorte d'uniformité dans les théories politiques des hommes de cette époque, dont nous sommes aujourd'hui frappés. Lally, Vergniaud, Robespierre ont certains principes communs ; où ils diffèrent, c'est seulement sur le degré d'application pratique dont ces mêmes théories sont susceptibles. Là, commence le sanglant drame qui, pour le vaincu, se dénoue sur l'échafaud.

Un peu de calme ayant succédé aux agitations révolutionnaires et le sceptre de la terreur ayant été brisé au 9 thermidor dans les mains des jacobins, les esprits se tournèrent de nouveau vers la spéculation; ce fut en partie l'œuvre des premières années qui suivirent cette lugubre année de 93. La philosophie de la sensation, le matérialisme de Locke, de Condillac, trouvèrent de nouveaux interprètes. La doctrine politique de Rousseau, de Diderot, de Mably, fut encore une fois commentée, expliquée; le système de la nature, lui-même, ne manqua pas d'enthousiastes, ou secrets, ou avoués. Tout en demeurant à peu près telle, quant au fond des choses, que l'avait laissée Condillac, la philosophie de la sensation prit quelques développemens; elle se montra plus claire, plus nette, plus explicite, plus dégagée que jamais de toute partie hétérogène. Or, nous venons de le dire, la Révolution française avait été l'application, la mise en pratique de la philosophie du XVIIIe siècle; il ne serait donc pas sans analogie de voir dans cette nouvelle période philosophique quelque chose de semblable à ce mouvement de réflexion, qui d'ordinaire suit l'action. Il est naturel que celui qui vient d'agir veuille comparer, mettre en regard ce qu'il a fait et ce qu'il a voulu faire; en ce moment la pensée première apparaît plus nette que jamais, éclairée qu'elle est par ses résultats. Volney, Garat, Destutt-Tracy, plus tard, Maine de Biran et La Romiguière, furent les organes de ce mouvement philosophique; ils expliquèrent, exposèrent, commentèrent, avec une lucidité qu'on ne saurait trop louer, certaines portions de la philosophie du XVIIIe siècle. Cette philosophie avait alors l'appui du pouvoir; il l'avouait comme sa doctrine avouée, officielle; il la fit professer à l'école normale. Elle régnait encore à cet Institut des sciences morales et politiques dont nous avons récemment vu la résurrection.

La partie morale du système était devenue le lot de Volney. Le catéchisme de l'homme et du citoyen, publié dès 1792, était une sorte de nouvelle édition, sous forme plus populaire du livre d'Helvétius. Le titre suffit à indiquer le caractère presque officiel du livre : aussi les écoles primaires se hâtèrent-elles, dès leur établissement, de le faire servir à l'instruction de l'enfance et de la jeunesse. Au point de vue de Volney, comme à celui d'Helvétius, l'intérêt personnel est la base de toute morale, le mobile de toute activité humaine. Dans le courant du livre, Volney fait un inventaire, dresse un catalogue de toutes les *vertus*; au nombre de ces vertus il met la propreté. Sachons-lui en quelque gré; après tout, il peut être assez agréable de se mettre la conscience en repos tout en s'aquittant de sa toilette du matin; mais que cela nous dispense de parler plus longuement du livre. M. de Tracy s'adressait aussi à l'enfance, il s'était proposé de faire de différens ouvrages un cours complet de philosophie de la première jeunesse; dans ses élémens d'idéologie, il va dans ce sens jusqu'à emprunter le langage d'un professeur parlant à ses jeunes auditeurs.

Dans ses autres ouvrages, la grammaire générale, la logique, le traité de la volonté, il abandonne cette forme; ces divers ouvages n'en concourent pas moins à ce même but, c'est toujours au même public qu'il s'adresse. Parti des mêmes données que Condillac, M. de Tracy marche dans la même route; seulement il a simplifié de beaucoup les conclusions de ce dernier. Condillac voyait, dans toutes les facultés de l'entendement, autant de modes de notre faculté de sentir; toutes les opérations de ces facultés ne lui semblaient, en définitive, que la sensation transformée. Ce principe est encore fondamental chez M. de Tracy; mais Condillac fait subir à cette sensation un fort grand nombre de transformations; il la métamorphose successivement en réflexion, en jugement, comparaison, etc., etc.; M. de Tracy réduit toutes ces transformations à quatre principales.

L'origine du langage est une question qui préoccupe encore beaucoup M. de Tracy: la grammaire générale est en partie consacrée à l'examiner, ainsi que toutes celles qui se rattachent à la théorie et au mécanisme des langues. L'hypothèse qui fait sortir les langues de l'interjection, du gloussement, du cri animal, est le point de départ de M. de Tracy.

Cette supposition établie, il trace avec une

véritable supériorité d'analyse la manière dont ces langues ont dû se former. Nul grammairien n'a défini, expliqué d'une façon plus nette et plus précise le rôle de ce que les grammairiens appellent les parties du discours. Nous savons qu'on peut reprocher à M. de Tracy d'appeler pompeusement grammaire générale un certain nombre de règles et d'observations applicables seulement à un petit nombre d'idiomes européens; ce n'est pas notre affaire de relever cette bizarrerie. L'ancienne logique admettait que certaines formes étaient nécessaires à la justesse du raisonnement; elle supposait ces formes en rapport intime, en connexité nécessaire avec les formes mêmes de l'intelligence humaine. Cette hypothèse est en pleine contradiction avec le fameux axiome: « Il n'y a rien dans l'intelligence qui n'ait été dans les sens. » Ces formes imposées par la logique à nos raisonnemens n'appartenaient pas, en effet, aux objets sur lesquels portaient ces raisonnemens, mais bien à l'intelligence elle-même. L'ancienne logique se trouvait ainsi en opposition avec la philosophie matérialiste : M. de Tracy entreprit de faire cesser cette opposition au profit de cette dernière; il se proposa de prouver l'impossibilité et l'inutilité de l'ancienne logique, il voulut la détruire logiquement. Ce fut là le but de ce troisième volume de ses élémens d'idéologie, intitulé la *logique*.

En politique, les doctrines du contrat social, de Mably, de Diderot, sont celles de M. de Tracy. Il méprise l'histoire et l'expérience des siècles, à l'égal de ces hardis novateurs; son commentaire sur Montesquieu en fait foi. Esprit absolu, essentiellement logique, M. de Tracy ne manquait jamais d'aller jusqu'aux dernières conséquences de principes une fois posés; nul, que je sache, n'a professé avec moins de déguisement ou de ménagement les doctrines matérialistes. On en pourrait citer bien des exemples bizarres : il suffit du suivant (1).

L'Institut, ou le Gouvernement ayant proposé un prix pour le meilleur mémoire sur la grande question : « Du meilleur plan d'éducation nationale, » M. de Tracy, dans un mémoire

(1) Voir la note à la fin de l'ouvrage.

réimprimé sous la restauration, nous indique une bonne gendarmerie, bien établie, bien constituée, comme étant ce qui convient le mieux (1); il développe cette thèse singulière, au moyen de ce principe de l'association des idées, si cher à l'école de Condillac. Le peuple ne saurait manquer de rester vertueux, en voyant ses moindres fautes nécessairement punies; et, dans l'intelligence populaire, l'idée de supplice ne saurait plus manquer de s'associer à celle de crime. Cette idée a son côté plaisant, mais nous nous garderons d'insister sur ce côté. Toute conviction est respectable; elle le devient bien davantage encore quand elle s'allie à un esprit aussi distingué, à un caractère aussi généralement estimé que l'esprit et le caractère de M. de Tracy; mais force nous a été de l'indiquer. Ce n'était pas assez pour nous de montrer la philosophie sensualiste dans son germe, nous devions la suivre encore dans ses derniers résultats, dans ses conséquences les plus éloignées.

Un autre philosophe professait à l'École

(1) Voir la note à la fin de l'ouvrage.

normale cette même philosophie que M. de Tracy s'efforçait de mettre à la portée de la première enfance : c'était Garat. L'École normale avait été instituée avec solennité; la Convention, disait le décret de fondation, voulait donner au peuple français une instruction digne de ses nouvelles destinées : on avait voulu faire de cette école un centre de lumière, un foyer de haut enseignement. Les élèves qui en avaient suivi les cours étaient immédiatement appelés à professer ce qu'ils venaient d'étudier. Parmi les professeurs, beaucoup étaient au niveau de l'institution; il suffit de nommer, pour les hautes mathématiques, Laplace, Monge, Lagrange; pour la morale, Bernardin de Saint-Pierre; pour la grammaire générale, Sicard; pour l'histoire, Volney; pour la littérature, La Harpe sorti de la solitude où l'avait relégué la Terreur, pour continuer ses éloquentes leçons du lycée. Quant aux autres branches des connaissances humaines, elles étaient de même enseignées par ceux-là même qu'elles avaient le plus illustrés. Beau parleur à la Convention, ministre de la justice, chargé de lire à Louis XVI sa sentence, Garat, au langage éclatant et facile, professait la philosophie, alors appelée analyse de l'entendement humain. Parmi les élèves siégeaient quelques hommes dont la célébrité ne le cédait en rien à celle des professeurs. L'attention était générale; une sorte de recueillement religieuse présidait à l'ouverture de ces cours. Après avoir pris possession de l'ordre social, la Révolution s'annonçait pour venir en quelque sorte prendre possession de l'ordre scientifique et moral. Or, comme, en définitive, toutes les questions scientifiques, sociales ou morales ne peuvent manquer de se rattacher à la philosophie, c'était surtout par la philosophie que cet enseignement avait de l'importance.

Garat consacre sa première leçon à tracer brièvement l'histoire de la philosophie; mais il ne fait commencer cette histoire qu'à Bacon. L'Orient, l'antiquité, le moyen-âge, Aristote, Platon, Descartes, tout cela est comme non avenu pour Garat. Il ne saisit cependant qu'un des côtés, qu'une des faces du génie de Bacon; l'illustre chancelier lui apparaît seulement comme l'auteur de la méthode expérimentale dans les sciences physiques. Tout le reste de ce génie encyclopédique lui échappe. C'est même Locke, bien plus encore que Bacon, qui est pour Garat le vrai père, le vrai fondateur de la philosophie moderne. Vient ensuite Condillac, qui non seulement résume toute la science, mais qui en atteint encore les dernières limites. Mais je le laisse parler : « J'arrive à Condillac, et je crois arriver au repos après une longue fatigue, je crois arriver à la lumière après avoir traversé des ténèbres ou des routes à demi éclairées. J'ignore si Condillac a eu moins, autant, ou plus de vues nouvelles sur l'entendement que les philosophes qui l'ont précédé dans la même carrière; mais les vues des autres semblent lui devenir propres par la clarté nouvelle qu'il y répand, et celles que personne ne peut lui disputer semblent seules donner à l'analyse de l'entendement cette utilité qui devait devenir évidente et générale pour n'être pas toujours.... » Suit une longue énumération des travaux de Condillac sur la métaphysique la grammaire, la logique, l'histoire, l'économie politique, les sciences physiques même. Dans toutes ces voies, la pensée de Condillac est indiquée comme la dernière borne à laquelle il soit donné à l'esprit humain de toucher. Il s'en faut de peu qu'aux yeux de Garat Condillac ne soit à lui seul l'intelligence, le génie de l'humanité.

Avec de telles dispositions, il eût été difficile à Garat de faire autre chose que continuer Condillac devant l'École normale; suivant Garat, la sensation est aussi la source, le fondement de nos connaissances; il se propose d'abord de l'analyser, de la décrire avec un soin tout spécial. « Ici, disait Garat, je traduirai, au tribunal de la philosophie de notre siècle et du bon-sens du genre humain, l'opinion de ces philosophes anciens et modernes, qui, dans la recherche de la vérité, ont récusé le témoignage de tous les sens, qui ont tenté d'anéantir la raison humaine sous sa propre autorité, et d'arracher les sciences comme de leurs racines. Voilà ce qu'ont fait dans la Grèce Platon, en France Mallebranche, et, ce qu'il y a d'étonnant, en Angleterre, plusieurs disciples de Locke (1). » Garat se pro-

(1) *Recueil des leçons de l'Ecole normale*, 1er v., p. 7.

pose de traiter des facultés de l'entendement, qu'il réduit, ainsi que Condillac, à la sensation transformée. Il s'élève fortement contre la supposition d'un sens moral. « Je prouverai, dit-il, que la douleur et le plaisir, qui nous apprennent à nous servir de nos sens et de nos facultés, nous apprennent encore à nous faire les notions du vice et de la vertu (1). » A propos de l'invention des langues, il blâme Rousseau d'avoir cru l'institution des langues impossible par l'homme. « Puisque tous les mots, avait dit Rousseau, sont établis par suite d'une convention, il paraît que l'usage de la parole a été une condition indispensable pour l'établissement de la parole. » Garat lui reproche aigrement et amèrement cette proposition; il ne peut lui pardonner de rapporter l'enseignement de la parole à une révélation primitive; il lui reproche d'avoir recours au moyen favori des mauvais poetes, qui est de faire descendre la Divinité sur la terre pour amener le dénouement du drame. Le professeur devait ensuite traiter, dans sa cinquième

(1) *Recueil des leçons de l'Ecole normale.* 2e ligne, page 25.

partie, de la méthode : « Dans cette partie, je n'aurai, ajoute-t-il, presque rien à dire de nouveau; je me bornerai à recueillir les résultats que j'aurai exposés et développés dans les sections précédentes. Je ferai voir que bien sentir, bien se servir de ses facultés, bien former ses idées, bien parler, sous des points de vue et des termes divers, ne sont qu'une seule et même chose (1). » Toujours donc la sensation transformée, toujours l'intérêt bien entendu, toujours l'interjection, toujours, en un mot, la philosophie du XVIIIe siècle. Cette philosophie dominait alors avec une puissance qui en faisait comme une religion; elle était non seulement la vérité, mais toute la vérité : ses nombreux disciples n'admettaient pas qu'il y eût possibilité à croire en quelque autre symbole philosophique.

Le spiritualisme essaya pourtant d'une timide récrimination. A cette école, les élèves avaient le droit d'interpeller les professeurs, soit pour les combattre, soit pour leur deman-

(1) *Recueil des leçons de l'Ecole normale*, 2e *vol.*, page 39.

der de plus amples explications : un jour par semaine était réservé à ces débats. Or, parmi les auditeurs de Garat, se trouvait ce fameux Saint-Martin, auteur mystérieux de tant d'ouvrages mystiques, traducteur et commentateur de Jacob Bœhm, celui que M. de Maistre a nommé le plus élégant des théosophes modernes, et probablement seul alors à oser professer en France une autre philosophie que celle de Condillac. Saint-Martin eut d'abord quelque peine à se faire au langage du jour. La langue du matérialisme ne ressemblait en rien à celle parlée dans ces hautes sphères de la spéculation où l'emportait son génie. Enfin, le professeur ayant amèrement blâmé cette célèbre proposition de Jean-Jacques : « La parole semble avoir été fort nécessaire à l'institution de la parole, » Saint-Martin, de son banc, et du milieu de la foule, entreprit la défense de Rousseau. Profitant de l'occasion, il défendait de même, contre une autre attaque du professeur, la doctrine de Hutchesson sur le sens moral. Mais le débat ne tarda pas à devenir plus important, le dialogue suivant s'engagea entre l'élève et le professeur : « Vous paraissez vouloir, disait ce dernier, qu'il y ait dans l'homme un organe d'intelligence autre que nos sens extérieurs et notre sensibilité intérieure ? — Oui, citoyen. — Un organe d'intelligence ? — Oui, citoyen. — Vous avez pour doctrine que sentir les choses et les connaître sont des choses différentes ? — J'en suis persuadé. — Cependant, lorsque je reçois en présence du soleil les sensations que me donne cet astre éclatant qui échauffe et qui éclaire la terre, est-ce que j'en connais autre chose que les sensations mêmes que j'en reçois ? — Vous sentez les sensations ; mais les réflexions que vous ferez sur le soleil, mais... (1). » Saint-Martin aurait eu sans doute bien d'autres *mais* à ajouter ; mais le professeur, prenant tout à coup un ton solennel : « Ce qu'il importe d'abord de dire, c'est que par cette doctrine dans laquelle on suppose que nos sensations et nos idées sont des choses différentes, c'est le platonisme, le cartésianisme, le mallebranchisme que vous ressuscitez. Quand on a une foi, il est beau de la professer, il est beau de la pro-

(1) *Débats*, t. 3, p. 18.

fesser du haut des toits; mais il n'est pas bon de porter une foi dans la métaphysique comme en physique. La philosophie observe les faits, elle les classe, elle les combine, mais elle ne s'écarte jamais des résultats immédiats, soit dans leur simplicité, soit dans leur combinaison. Ce n'est point là le procédé de Mallebranche et de Platon : l'un et l'autre supposent dans l'homme des agens qui ne nous sont connus par aucun fait sensible, et des faits qui ne nous sont connus par aucune de nos sensations. De pareils agens sont précisément de ces idoles qui ont obtenu si long-temps un culte superstitieux de l'esprit humain, de ces idoles dont les écoles étaient les temples, et dont Bacon le premier a brisé les statues et les autels. Ce serait *un grand malheur* si, à l'ouverture des écoles normales et des écoles centrales, ces idoles pouvaient y pénétrer : toute bonne philosophie serait perdue, tous les progrès des connaissances seraient arrêtés, et c'est pour cela que je regarde comme *un devoir sacré,* dans un professeur de l'analyse, de traiter ces idoles avec le mépris qu'elles méritent (1). »

(1) *Débats*, t. 3, p. 21.

Peu de minutes avant cette terrible conclusion, il s'en était fallu de fort peu que la question ne fût mise aux voix. « Nous sommes rassemblés ici en très grand nombre, disait le professeur, nous sommes deux ou trois mille personnes ; je vous invite donc, citoyens, à vous recueillir au fond de vos ames, et à vous demander si les sensations que vous avez reçues et gardées de la chaleur, de l'éclat et du mouvement apparent du soleil, et la connaissance de cet éclat, de cette chaleur, de ce mouvement, sont pour vous deux choses différentes, ou si elles ne sont pas une seule et même chose sous deux points de vue et sous deux dénominations (1). » La majorité était, sans aucun doute, au professeur; Saint-Martin, après avoir répété sa profession de foi, n'eut plus qu'à se rasseoir, bien dûment convaincu de platonisme, de cartésianisme, de mallebranchisme. Ainsi condamné, Galilée, agenouillé pour confesser erreur ce qu'il savait vérité, se releva pour prononcer le fameux *e pur si muove;* « et pourtant, dit Saint-Martin

(1) *Débats*, t. 3, p. 21.

en se rasseyant, les sensations que je reçois du soleil et l'idée que j'ai de cet astre n'en sont pas moins deux choses éminemment différentes; et pourtant il y a, outre les impressions éparses de chaleur, d'éclat, que je reçois, l'impression complexe où se trouvent confondues toutes ces impressions de détail par une faculté tout autre que la sensibilité qui a reçu celles-ci. » La question mise aux voix, et résolue dans le sens du professeur, n'eût pas été un des moins singuliers épisodes de l'histoire des assemblées délibérantes.

La philosophie de Kant avait fait, à cette époque, de grands progrès en Allemagne; son influence sur la littérature était immense : depuis plusieurs années, il n'avait pas paru un seul livre de quelque importance qui ne s'y rattachât plus ou moins directement. Elle continuait en même temps à se développer sous sa forme propre, mais d'abord presque exclusivement par son côté purement idéaliste. Or, l'organe le plus éloquent, le représentant principal de cette nouvelle phase de la pensée allemande, fut Johannes-Gottlieb Fichte.

Né dans la Haute-Lusace, successivement

professeur à Iéna, à Erlangen, à Berlin, Fichte fut le contemporain de Kant. A une époque pénible de sa propre vie, il se trouva même en rapport avec ce dernier. Les premiers pas de Fichte dans la vie furent amers et douloureux : il connut l'inconstance du sort, les caprices des hommes, les pressans aiguillons du besoin. Force lui fut de ployer son génie superbe et hautain aux conditions les plus humbles, aux emplois les plus subalternes. Contraint d'abandonner l'éducation d'un gentilhomme polonais qu'il accompagnait, il passait par Kœnigsberg pour retourner dans sa patrie : là, il fut l'auditeur et le commensal de Kant. Il avait écrit le livre de la critique de toutes les révélations, pour s'en faire un moyen d'introduction auprès de ce dernier. Le passage suivant d'un journal écrit de sa propre main, et publié par son fils il y a quelques années, suffit pour donner une idée de la situation où il se trouvait en ce moment : « Le 27 juin 178.. Je termine ce journal après avoir fait des extraits des leçons de Kant sur l'anthropologie, que m'a prêtées M. de S... Je prends la résolution de continuer ce journal chaque soir avant de me coucher, et d'y déposer tout ce que je rencontrerai d'intéressant, surtout en traits de caractère et en observations.

» Le 28 au soir. J'ai commencé hier à revoir ma critique. Des pensées et des idées vraiment bonnes me sont venues, qui malheureusement m'ont convaincu que mon premier travail était tout à fait superficiel. J'ai voulu aujourd'hui pousser plus loin cet examen, mais mon imagination m'a tellement détourné que je n'ai pu rien faire de tout le jour. Cela n'est malheureusement pas étonnant dans ma position actuelle : j'ai calculé qu'il ne me reste plus de moyen de subsistance que pour quatorze jours. Il est vrai que je me suis déjà trouvé dans de semblables embarras, mais c'était dans ma patrie ; et puis, en prenant de l'âge, et avec un sentiment toujours plus délicat de l'honneur, cela devient de plus en plus dur.... Je n'ai pris et n'ai pu prendre aucune résolution. Je ne m'ouvrirai pas au pasteur Borowsky, auquel Kant m'a adressé ; si je m'ouvre à quelqu'un, ce ne sera pas à d'autres que Kant lui-même.

» Le 29. Je suis allé chez Borowsky, en qui

j'ai trouvé un homme vraiment bon et honorable. Il m'a proposé une *condition*, qui d'ailleurs n'est pas très assurée, et, d'autre part, ne me plaît pas beaucoup; et pourtant ses manières franches et loyales m'ont arraché l'aveu que j'étais pressé de trouver une place. Il m'a conseillé d'aller voir le professeur W. Je n'ai pu travailler aujourd'hui.... Le lendemain je suis allé, en effet, chez W.; et ensuite chez le prédicateur aulique Schulz. Les informations sont peu favorables chez le premier; cependant il m'a parlé d'une place de précepteur en Courlande, que le besoin le plus pressant pourra seul me forcer d'accepter. Chez le prédicateur aulique, j'ai d'abord été reçu par sa femme; il parut ensuite, mais enfermé dans des cercles mathématiques. Pourtant, quand il a eu entendu plus nettement mon nom, la recommandation de Kant l'a rendu fort amical. C'est une figure prussienne anguleuse, mais la loyauté et la bonté respirent dans ses traits. J'ai fait ensuite chez lui la connaissance de M. Brœmlich, du comte Daenhof, de M. Büttner, neveu du prédicateur, et d'un jeune savant, M. Ehrhard, bon et excellent garçon, mais dépourvu d'usage et de connaissance du monde.

» Le 1er septembre. J'ai pris une ferme résolution, que j'ai voulu communiquer à Kant. Une place de précepteur, quelque regret qu'il m'en coutât de l'accepter, ne se présente même pas; l'incertitude de ma situation m'empêche, d'un autre côté, de travailler avec l'esprit libre et de profiter des relations instructives de mes amis. Il faut donc retourner dans ma patrie. Je pourrai peut-être me procurer, par la médiation de Kant, le petit emprunt dont j'ai besoin pour cela. Mais en allant chez lui pour lui découvrir ma résolution, le courage m'a manqué; j'ai pris le parti d'écrire. Le soir, j'ai été invité chez le prédicateur aulique; j'y ai passé une soirée fort agréable. — Le 2, j'ai achevé ma lettre à Kant, et je la lui ai envoyée.

» Le 3 septembre. J'ai été invité à dîner chez Kant. Il me reçut avec sa cordialité habituelle, mais il me dit qu'il n'avait pu prendre de résolution au sujet de ma demande, qu'il était hors d'état d'y satisfaire d'ici quinze jours. Quelle aimable franchise! Au surplus, il m'a fait sur mes desseins des difficultés qui prouvaient qu'il ne connaît pas assez notre position en Saxe.... Tous ces jours-ci, je n'ai rien fait. Cependant je vais me remettre au travail, et abandonner le reste à la grâce de Dieu. — Du 6. J'ai été invité chez Kant, qui m'a proposé de vendre au libraire Hartung, par l'entremise du pasteur Borowsky, mon manuscrit de la critique de toutes les révélations. Il est bien écrit, m'a-t-il dit, quand je lui ai parlé de le refaire. — Est-ce vrai? C'est pourtant Kant qui le dit. Du reste, il a décliné l'objet de ma première demande. — Le 10, j'ai dîné chez Kant. Rien de notre affaire; maître..... était là. Nous n'avons eu qu'une conversation générale, presque toujours intéressante. D'ailleurs Kant est resté le même à mon égard. — Du 12. J'ai voulu travailler aujourd'hui, et je ne fais rien. Comment cela finira-t-il? Que deviendrai-je dans huit jours? Alors tout mon argent sera épuisé. »

A propos des noms les plus vulgaires on serait ému de ce récit; quand on y met ceux de Kant et de Fichte, on se sent remué jusqu'au fond des entrailles.

Suivez-moi quelques instans sous ce ciel nébuleux de la Prusse du nord, au milieu des rues étroites et obscures de la sombre ville de Kœnigsberg. Là, dans quelque misérable auberge, en face de cette table, se trouve un homme qui, après avoir mesuré son pain, s'aperçoit qu'il n'en a plus que pour quatorze jours. Il s'assied cependant, il écrit. Son œuvre achevée, il mesure de nouveau son pain, il ne lui en reste plus que pour huit jours. Or, ce que cet homme a écrit, c'est un magnifique préambule de philosophie, c'est la critique de toutes les révélations. Ailleurs vous le retrouverez en présence d'un autre homme. Au moment de manquer de ce pain, si amer pourtant, de l'exil et de la servitude, il sollicite une aumône pour regagner sa patrie; cette aumône lui est refusée. Or, cet homme qui a écrit, cet homme qui tend la main, c'est Fichte; cet homme que son propre dénuement force à un refus, c'est Kant. Kant et Fichte! Kant et Fichte, deux demi-dieux de la pensée, deux souverains du royaume des intelligences! Déplorable histoire du passé, où nous ne lisons que trop probablement celle de l'avenir! Toutefois, pourquoi nous abandonnerions-nous, en présence de ce spectacle tout amer qu'il soit, à de pusillanimes lamentations? La gloire ne doit point apporter l'exemption des malheurs et des misères de la vie à celui qu'elle décore déjà de tant d'éclatans privilèges. De quel droit ces hommes puissans par le cœur et la pensée viendraient-ils nous parler de courage, de force et de résignation, si l'épreuve douloureuse n'était pas pour eux? Pourquoi la lutte serait-elle épargnée aux forts, le péril aux braves? ou plutôt, sans la lutte et le péril, où seraient les forts et les braves? Que le spectacle des hommes éminens, aux prises avec les vulgaires nécessités de la vie, soit au contraire pour nous d'un autre enseignement: qu'à cette vue notre pensée s'élève, et qu'au lieu de défaillir notre cœur s'affermisse. En les voyant refusées à de tels hommes par décret providentiel, apprenons à dédaigner, à mépriser la richesse, les jouissances, les mollesses de la vie.

Dans le peu de lignes qui ont été le sujet de cette digression, Fichte apparaît déjà dans son caractère propre. Le génie indomptable qu'il devait porter plus tard dans la spéculation se montre là, au sein même de la réalité, aux prises avec le monde extérieur. C'est qu'il y avait une admirable harmonie entre le caractère et l'esprit de Fichte ; ils étaient jetés dans le même moule. L'homme qui écrivait un ouvrage de philosophie, n'ayant devant lui du pain que pour quatorze jours, est déjà celui qui, sur les ruines du monde matériel, intronisa la personnalité humaine libre et indéfinie? Dans l'homme qui se montre aussi peu abattu sous les menaces du besoin, sous les coups du sort, on reconnaît par anticipation celui dont le front ne courbera pas sous les armes victorieuses de la France, celui qui demeurera l'énergique représentant du moi immortel de l'Allemagne, tandis que l'Allemagne était elle-même momentanément brisée dans sa forme extérieure.

Dans ce peu de lignes que nous venons de citer, apparaît donc déjà la grande œuvre de Fichte. Esquissons-la rapidement par son côté scientifique.

La philosophie de Kant gardait une neutralité assez exacte entre le monde intérieur et le monde extérieur, entre l'intelligence et la matière, ou, pour parler plus philosophiquement, entre le moi et le non-moi. Elle examinait à leur point de contact, c'est à dire dans la connaissance, ces deux choses, le moi et le non-moi ; elle déterminait les conditions qui rendaient ce contact possible, elle décrivait soigneusement ces conditions, mais en thèse générale n'examinait les choses que sous ce seul point de vue. Elle ne se proposait nullement de pénétrer dans la nature intime, dans l'essence du moi et du non-moi, ou plutôt s'en abstenait, ayant pour principe de s'interdire toute ontologie. On peut dire qu'elle se proposait seulement de déterminer la forme que prenaient à leur contact le moi et le non-moi, et qu'elle ne tentait point de pénétrer dans l'intérieur de l'un et de l'autre. Il résultait de tout cela qu'elle ne concluait rien au delà de la connaissance; loin de là, elle laissait le champ libre à toutes ces hypothèses ontologiques qui sont, et, jusqu'à un certain point, doivent être le point de départ des autres philosophies.

Les conditions du contact du moi et du non-moi étant fixées, déterminées par la méthode critique de Kant, il en résulte pour une philosophie postérieure le droit de chercher à se rendre compte non plus des rapports du moi et du non-moi, mais de leur essence propre. A ce point de vue, cette philosophie avait le choix entre ces deux hypothèses ; les supposer opposés l'un à l'autre d'essence aussi bien que de forme, ou bien les considérer comme d'essence identique. Cette seconde hypothèse admise, on pouvait encore se proposer la solution de ce problème, savoir : si c'était le moi qui sortirait du non-moi, ou bien le non-moi du moi. En d'autres termes, il s'agissait de chercher si l'intelligence humaine était seulement un produit d'une force universelle se manifestant sous cette forme particulière, ou bien si l'univers n'était lui-même qu'un produit de l'intelligence humaine, une partie de cette intelligence s'apparaissant à elle-même sous forme objective. Or, par cela même qu'elle admettait l'opposition du moi et du non-moi, cette philosophie ne détruisait donc pas celle de Kant : la philosophie de Kant se taisait sur la réalité objective de l'univers, elle se bornait à le considérer dans ses rapports avec le subjectif. Fichte fait absolument de même : il considère aussi l'univers ou le non-moi dans le subjectif et dans le moi. Mais l'univers ou le non-moi pourrait à la rigueur exister dans le moi quand bien même il serait dépouillé de réalité objective, quand il n'existerait pas, et c'est là l'hypothèse de Fichte. A certains points de vue, on peut donc dire que la philosophie de Fichte n'est point autre que la philosophie de Kant, mais la philosophie de Kant développée par son côté idéaliste : c'est ce que nous-même disions il n'y a qu'un instant.

Et d'abord, quel sera notre point de départ? quel sera le premier anneau où attacher toute l'incommensurable chaîne des phénomènes du monde matériel et intellectuel.

Anéantissons par la pensée la réalité ; que le monde tout entier s'abîme et s'écroule autour de nous. Au centre de ce vide soit donnée, dépouillée de forme, d'étendue, de couleurs, de propriétés de toute sorte, concentrée dans un point mathématique, une activité libre et indéfinie ; représentons-nous-la sous la forme d'une force vive, douée de la faculté de rayonner en tout sens, en raison d'une impulsion qui lui est inhérente. Imaginons enfin que cette activité se meuve, se déploie sur une ligne droite où elle pourrait aller ainsi à l'infini; mais, modifiant cette dernière hypothèse, supposons, au contraire, qu'en face de cette force surgisse un obstacle, un point d'achoppement. A ce choc, elle revient sur elle-même, elle parcourt la route déjà faite, elle retourne s'absorber à son point de départ. Cette force demeure identique à elle-même, qu'elle aille dans un sens ou dans un autre, qu'elle découle du point de départ ou qu'elle y revienne après le choc. Seulement on peut imaginer un point où ces deux courans de la même force lutteront à forces égales, un point où ils se tiendront en équilibre, comme feraient deux courans d'eau opposés de direction, et qui viendraient à se rencontrer. On peut même supposer que cet équilibre s'établit sur l'étendue d'une surface; étendue qui se trouverait alors en rapport avec la quantité et la vitesse des forces qui viendraient se rencontrer à l'endroit du choc:

cette surface grandirait et décroîtrait suivant l'occasion.

D'après l'hypothèse, la force ne se meut que sur une seule ligne, dans une seule direction, mais nous pouvons admettre qu'elle se meut de la même façon, qu'elle se déploie dans une multitude de directions, sur une infinité de lignes, nous pouvons la supposer rayonnant en tout sens, ainsi que fait la lumière du soleil dans notre monde matériel. En même temps (la supposition une fois admise), tous les phénomènes que nous venons de décrire sur une seule ligne se manifesteraient de même sur la multitude de lignes suivant lesquelles s'épancherait cette force. Sur toutes ces lignes il y aurait achoppement de la force centrale, retour de cette force sur elle-même, point d'équilibre entre ces deux forces, ou, pour mieux dire, entre les deux de cette même force agissant en sens différens.

Le point d'achoppement peut être fort rapproché du point de départ; on peut du moins le supposer. Dès lors le point où s'est établi l'équilibre le sera de même; rien ne s'oppose même à ce que nous supposions les deux points infiniment peu éloignés du point de départ; qu'ils y touchent en quelque sorte, qu'ils se confondent pour ainsi dire avec lui. Alors toute cette multitude de lignes, décroissant de plus en plus, viendrait, pour ainsi dire, rentrer dans le point d'où elle est sortie; toute cette multitude de phénomènes viendrait se concentrer dans un point mathématique. Toutes ces choses peuvent, en effet, être considérées comme indépendantes de l'étendue, de l'espace. Qu'est-ce, en effet, que l'espace et l'étendue? seulement le théâtre où se passent les phénomènes; il n'ajoute rien à leur possibilité d'être.

Or, cette force vive, cette activité libre indéfinie, c'est le *moi* de Fichte.

Dans son premier mouvement, c'est le moi, proprement dit; dans son mouvement de retour, c'est le non-moi; au point d'équilibre et de rencontre, c'est la conscience.

En deçà et au delà du point d'équilibre, c'est d'ailleurs toujours le même moi. En deçà et au delà il y a identité d'essence, en même temps qu'opposition de formes, qu'opposition de direction; en un mot, toujours et partout identité d'essence au dessous de toutes les sortes d'oppositions possibles ou imaginables.

L'identité est donc nécessairement au fond de la connaissance humaine; elle en est la base, la condition nécessaire. S'il existait une proposition exprimant l'identité par excellence, au point de vue de Fichte, cette proposition serait le germe de toute vérité; elle serait vraiment le lien de la connaissance humaine. Or, non seulement cette proposition existe, mais elle n'est même que l'expression logique du fait que nous venons de décrire à l'aide de quelques notions mathématiques. Sous sa forme logique, elle pourra être exprimée de la sorte : le moi est moi; proposition exprimant en effet l'identité absolue; car, encore une fois, avant ou après le choc, en deçà et au delà du point d'équilibre, le moi est toujours moi. D'ailleurs, par cela même qu'elle sert à la démonstration de toutes les autres, cette proposition sera elle-même inconditionnelle et absolue; elle se rattache au fait constitutif de l'univers, elle est indémontrable. Toutefois, bien que ce soit toujours le moi qui se pose à la fois comme sujet et comme objet, à ne considérer que la forme des choses, on peut encore arriver à cette autre proposition : Le moi n'est pas non-moi. Bien qu'il y ait, en effet, identité entre le moi et le non-moi ; en tant que non-moi, le moi se manifeste pourtant sous une autre forme, agit dans une autre direction qu'en tant que moi proprement dit. Mais, outre le moi et le non-moi sous leurs formes propres, il y a encore l'alliance, la synthèse du moi et du non-moi ; de là un troisième principe que nous appellerons limitation. Dans toute limitation, coexistent le positif et le négatif, ce qui est et ce qui n'est pas, le moi et le non-moi. Nous avons parlé de cette surface formée, au point d'équilibre, par les courans opposés du moi et du non-moi ; dans l'étendue de cette surface le moi et le non-moi se limitent l'un par l'autre ; cette surface est une image du principe de limitation. Ainsi, le moi est actif, il est aussi passif, parce qu'en revenant sur lui-même il anéantit une portion de cette activité première ; il est enfin limité, parce que ni la passivité ni l'activité ne dominent, mais s'unissent dans certaines bornes.

Au moyen de la limitation il y a action

et réaction, c'est à dire réciprocité d'action entre le moi et le non-moi. Cette réciprocité d'action entre le moi et le non-moi est même tout à fait nécessaire à la possibilité de la connaissance.

En vertu de son activité spontanée, le moi fixe et pose le non-moi. Tout ce qui est fixé, tout ce qui est posé, en un mot, tout ce qui est ne peut être que par le moi. Mais pourquoi ce moi fixe-t-il, pose-t-il le non-moi? C'est parce que son activité, qui d'abord s'épanche à l'infini, est ramenée sur elle-même par un choc. Donc il faudrait déterminer, définir la cause de ce choc, où se trouve contenue toute la réalité du moi; car le moi ne saurait avoir conscience de lui-même, s'il n'y avait pas un non-moi. Or, ce non-moi est encore le résultat du choc; c'est par ce choc que le moi produit le non-moi. Le moi est ce qu'il est parce qu'il est. Mais d'où vient le non-moi? d'où provient l'action du non-moi sur le moi? Quelle est la main qui vient poser cette pierre d'achoppement?

C'est ce que nous ne savons pas, c'est ce que nous ne saurons jamais. Là tout est ignorance et ténèbres. De ce choc naît le monde;

mais, dans la doctrine de Fichte, ce choc demeure lui-même inexplicable. C'est un fait primitif, inconditionnel, absolu, qu'il s'agit d'admettre *à priori* (1).

Refoulé sur lui-même au moyen du choc qu'il éprouve, le moi acquiert la conscience de lui-même. Le moi n'existe lui-même, n'existe à ses propres yeux, qu'autant qu'il s'aperçoit déterminé par un non-moi. Dans tout acte de conscience, il est nécessairement déterminé, limité par un non-moi. La conscience n'est possible qu'au moyen de cette opposition. La représentation des objets provient, pour le moi, d'une opposition analogue; par là le non-moi existe, devient pour le moi quelque chose de réel. Quand nous disons que les choses extérieures exercent une action sur le sujet pensant, cela veut dire au fond que nous posons nous-mêmes ces choses comme non-moi, en opposition à notre moi.

Dans toute représentation, deux choses se rencontrent : une activité déterminée par une passivité, une passivité déterminée par une

(1) Voir la note à la fin de l'ouvrage.

activité; en d'autres termes, une action réciproque du moi et du non-moi, une action et une réaction du moi et du non-moi. Réciprocité d'action où c'est tantôt le moi qui s'apparaît comme actif, et le non-moi comme passif; tantôt le non-moi qui s'apparaît comme actif, et le moi comme passif. Cette opposition constante, considérée de différens points de vue, constitue toute la théorie de l'entendement.

La sensibilité nous fait apparaître le non-moi comme actif, le moi comme passif; la pensée, qui est la faculté inverse, nous fait apparaître le moi comme actif, le non-moi comme passif. L'imagination reflète également l'activité et la passivité du moi; elle nous fait éprouver comme une sorte d'hésitation, de chancellement entre deux directions contraires. L'intuition confond dans une même unité cette activité et cette passivité; elle nous montre les choses en dehors de nous, c'est à dire en dehors du sujet pensant; elles apparaissent indépendantes de ce dernier et comme lui étant étrangères, comme existant en dehors de lui. C'est là une illusion, mais une illusion inévitable; car le moi ne saurait créer une chose et la contempler dans un seul et même acte; il commence par la créer, par la produire; puis, quand il lui a donné cette existence, il la contemple. L'entendement fixe dans la conscience l'intuition des choses; l'entendement n'est, par conséquent, qu'une faculté de liaison, de synthèse, non de production, de création; il donne de la permanence à de l'intuition par elles-mêmes passagères. Le jugement compare les unes aux autres les intuitions fixées par l'entendement; il les unit, les écarte, les différencie, détermine leurs rapports. Donc l'entendement et le jugement se nécessitent réciproquement. L'entendement livre l'objet au jugement; puis celui-ci examine, détermine, compare. Ainsi, s'il était possible que l'entendement fût table rase, qu'il ne s'y rencontrât aucune intuition, par cela même le jugement n'aurait plus de rôle, plus d'emploi.

L'idéal est réel en même temps qu'idéal, le réel est idéal en même temps que réel. D'après ce qui précède, on le comprendra sans difficulté. Qu'est-ce, en effet, que l'idéal et le réel, le réel et l'idéal? deux côtés différens d'une seule et même chose, apparaissant réelle quand on la considère dans le non-moi, apparaissant idéale quand on la considère dans le moi.

La doctrine de la science doit nous enseigner encore la volonté, l'action, c'est à dire le moi à l'épreuve de l'action, aux prises avec la réalité, avec la pratique. A ce point de vue, ce sera le moi qui, avec la conscience de ce qu'il fait, déterminera le non-moi. Le moi devra toujours être considéré comme libre, absolu, indéfini; il sera la seule réalité, la seule causalité universelle. Mais le moi ne saurait s'apparaître qu'à la condition d'être déterminé par le non-moi; de là vient que la causalité toute-puissante ne s'apparaîtra jamais qu'agissant dans telle et telle limite; que le moi s'apparaîtra déterminé dans la causalité comme il s'est toujours apparu, limité, déterminé sous toutes les autres faces par lesquelles il s'est apparu : sa propre activité n'en est pas moins réellement infinie par elle-même, la source où il la puise n'en est pas moins bien réellement intarissable. Le moi ne manifestera donc jamais, dans telle ou telle occasion donnée, qu'une portion de cette activité. Le surplus ne se montrera pas; ce surplus d'activité, refoulé sur lui-même, ne s'apparaîtra plus que comme tendance. La grande opposition, l'opposition fondamentale, si souvent signalée, se manifeste ici sous la forme d'une lutte entre la liberté et la nécessité. La liberté humaine et le monde extérieur sont aux prises.

Or, dans l'intérieur de la conscience une voix se fait entendre qui dit à l'homme : *Fais ceci, ne fais pas cela*. Cette voix, c'est celle du devoir. Le devoir règne ou plus tard devra régner dans le monde subjectif. Sous l'inspiration du devoir, le moi se sent inévitablement entraîné à combattre le non-moi, c'est à dire tout obstacle dénué de raison qui s'opposerait à sa manifestation. La raison doit regarder comme démontrées les propositions suivantes : Le monde moral préexiste de toute éternité; ce qui doit être sera; Dieu passera du domaine de l'idéal dans celui du réel; le triomphe de la raison sur la nature aveugle et impie est inévitable. Réaliser l'ordre moral que ces propositions constituent, c'est s'élever à Dieu; s'opposer à cette réalisation, la retarder, la contrarier, c'est s'éloigner de Dieu;

quant à l'essence même de Dieu, c'est à dire de l'ordre moral, il ne saurait être l'objet d'une connaissance théorique. La vertu consiste dans l'harmonie et l'accord de la conscience avec l'activité pratique; c'est seulement au moyen de cet accord que le but de la raison peut être réalisé dans le monde de la liberté.

Telle est dans sa forme la plus générale de l'ensemble la doctrine de Fichte. Mais c'est aussi par un autre chemin que Fichte mène son lecteur à l'idée-mère fondamentale du système. Il se place au point de vue de Descartes et de Mallebranche. Alors il ne se met plus en quête de principes fondamentaux généraux par l'examen des formes les plus abstraites de la connaissance. Il analyse la sensation, il démontre son impuissance à nous rien enseigner du monde extérieur; puis il va puiser à une autre source, la science et la réalité. Cette marche, qu'il employa particulièrement dans la destination de l'homme, est parfaitement dramatique; l'enseignement didactique est remplacé par le développement d'une situation mêlée de doutes, d'angoisses, d'anxiétés.

Fichte met en scène un philosophe qui se

prend tout à coup d'une vive curiosité sur sa nature intime, sur sa destinée terrestre. Ce philosophe se demande ce qu'il est, d'où il vient, où il va. Il se voit un être faible et isolé, une chétive et misérable créature perdue dans l'immensité de la création, un infiniment petit dans un tout immense, sans limites; il s'étonne et s'effraie de cette petitesse, de cette infirmité, de cette misère: sa curiosité n'en est pas moins immense, insatiable; il se plonge incessamment dans les abîmes sans fond de la méditation. Quelquefois il se laisse aller à la contemplation des phénomènes variés de l'univers; il les étudie en détail; il s'efforce de lire dans leur ensemble le mot de la grande énigme de l'univers. Ce mot n'est-il pas aussi celui de sa propre destinée, de sa nature intime? Si petit qu'il soit, il est une partie de l'univers; il est une portion intégrante du grand tout. La volonté qui a créé l'union ou la constitue peut donc être la loi qui l'a créé lui-même et régit sa propre destinée. La feuille desséchée balancée dans les airs par le vent d'automne, et les mondes qui roulent dans l'immensité, n'obéissent-ils pas également à la même loi de gravitation universelle.

Au spectacle de l'univers, l'œil et la pensée de l'observateur ne tardent pas à se troubler. Les choses lui apparaissent tantôt sous le point de vue d'une apparente diversité, tantôt sous celui d'une identité secrète; tantôt c'est au hasard que les phénomènes extérieurs lui semblent se succéder, tantôt il ne les voit qu'enchaînés dans les lois d'un ordre inflexible, rigoureux, invariable. Est-ce un principe de liberté indéfinie qui se joue çà et là dans le monde entier, n'obéissant à d'autres lois qu'à des caprices sans nombre? Serait-ce, au contraire, un principe identique quant à son essence propre, quoique varié dans ses manifestations? serait-ce, en un mot, une inflexible nécessité qui régnerait seule sur l'univers? L'observateur lui-même, qu'est-il? Dans ses actes extérieurs et dans l'intimité de sa pensée, est-il libre, vraiment libre, ou bien esclave, instrument d'une volonté étrangère? Entre ces deux opinions, appuyées de probabilités d'égale force, l'esprit peut hésiter, chanceler long-temps. Aussi notre philosophe prend-il tout à coup le parti de quitter la voie où il s'est engagé sans succès.

Il ne s'enquerra plus du spectacle de l'univers extérieur, il n'interrogera plus les choses pour savoir que penser de leur diversité ou de leur identité; il laissera les phénomènes se succéder dans l'ordre que bon leur semblera. En revanche, il rentrera en lui-même, il descendra dans sa propre conscience; il cherchera à se connaître lui-même jusque dans les replis de sa mystérieuse nature, il s'appliquera avec rigueur le *nosce te ipsum* d'une école de l'antiquité, ce sera seulement dans sa propre conscience qu'il s'efforcera de saisir la science; et dès lors, il marchera au but qu'il s'est proposé sans crainte de s'égarer. Au point de vue de l'empirisme matérialiste qui est celui de notre philosophe, la sensation n'est-elle pas la source unique de toute connaissance, de toute certitude?

Or, sur cette voie, notre philosophe ne tardera pas à dépasser de beaucoup le point d'arrêt de l'école matérialiste du XVIIIe siècle. La sensation ne tardera pas à lui apparaître ce qu'elle est réellement : une simple modification de l'être sentant. Il en conclut que l'être sentant n'a qu'une seule chose à apprendre de la sensation; savoir qu'il est modifié de telle ou telle façon : il s'aperçoit qu'il n'est nullement en droit de tirer ces autres conclusions, d'abord qu'une chose existe hors de lui, puisque c'est cette chose qui l'a modifié de telle ou telle façon, que cette chose, enfin, est la cause de la modification que lui-même a éprouvée. Il s'aperçoit cependant qu'il en agit ainsi, parce qu'il se dit que tout effet a une cause, que rien n'existe qui n'ait été créé, etc.; qu'il a une foi inébranlable en cette vérité, à laquelle il a cru dès sa naissance. Mais ce principe, au moyen duquel il rapporte la sensation à une cause, ne se trouve pas dans cette même sensation; ce principe n'était pas dans le monde extérieur avant d'être dans l'intelligence. Loin de là, ce principe préexiste à la sensation, il préexiste à tout rapport de l'être intelligent avec le monde extérieur. Or, si ce principe n'existe pas dans le monde extérieur, qu'en faut-il conclure? C'est qu'il est en nous, c'est que c'est en nous que nous le prenons pour le transporter ensuite dans le monde extétieur, matériel. Ce principe peut être considéré comme un pont qui unit ces deux mondes, l'intelligence et la matière. Une main mystérieuse le jette sur l'abîme qui les sépare, afin qu'il serve de communication de l'un à l'autre.

D'ailleurs, la réalité de ce principe est purement subjective; d'un autre côté, l'induction ou le raisonnement ne peuvent faire sortir d'un principe quelque autre chose que ce qui s'y trouvait déjà compris. S'il était donc vrai que les extérieurs existent seulement en vertu du principe de causalité, et que ce principe n'eut pourtant qu'une valeur purement subjective, il serait donc tout aussi vrai que l'existence des choses est elle-même purement subjective. Alors le monde serait dans l'intelligence comme une copie sans original; le monde serait je ne sais quelle image fantastique dessinée en nous par une main inconnue; le monde serait je ne sais quelle ombre sans corps, projetée sur la toile toujours tendue de notre imagination. Nos sentimens, nos passions, nos idées n'auraient pas plus de réalité que n'en ont les vains fantômes nés en nous de la chaleur de la fièvre.

Sur les ailes de l'idéalisme et de la spéculation, nous voilà bien loin de la vie et du monde réel. Cette situation d'esprit n'est pas sans analogie avec celle d'un homme qui, s'étant endormi dans une riante et fertile plaine, s'éveillerait au sommet d'un pic escarpé entouré de précipices sans fond. Comme cet homme, l'abîme nous entoure; comme cet homme, nous rencontrons partout le néant, le silence, la solitude, la mort?

Alors un frissonnement intérieur nous saisit. Le mouvement, la parole, la respiration s'éteignent. Le sang se glace dans les veines. Notre propre existence n'est plus qu'un fantôme tout près de disparaître à l'horizon de la pensée. D'autres fantômes errent-ils encore çà et là dans notre voisinage, la pensée les traverse de part en part, comme le ferait une épée, d'une ombre sans corps. Nous nous penchons vainement sur l'abîme, aucun bruit, aucune clarté, aucune apparition..... Une des plus terribles fictions de Jean-Paul s'est réalisée.

Un jour, à l'heure de minuit, les morts qui dormaient depuis des années dans un cimetière de campagne viennent à s'éveiller; sortis de leurs tombes entr'ouvertes, ils se pressent en foule dans l'église, sous le portail de l'église, autour de l'église. La terre, le temps, l'espace n'existent plus pour eux. Du geste, de la parole, du regard, ces pèlerins du tombeau se demandent curieusement des nouvelles du ciel, de l'éternité, de Dieu. Nul ne peut résoudre l'insoluble énigme. Alors descend sur l'autel une figure noble, élevée, rayonnante d'une impérissable majesté : c'est le Christ. Les morts s'écrient : « O Christ! n'est-il point de Dieu? — Il n'en est point. » Toutes les ombres se prennent alors à trembler avec violence, et le Christ continue : « Je me suis élevé au dessus des soleils, et là il n'est point de Dieu; je suis descendu jusqu'aux dernières limites de l'univers, j'ai regardé dans l'abîme, et je me suis écrié : — Père, où es-tu? — Mais je n'ai entendu que la pluie qui tombait goutte à goutte dans l'abîme; et l'éternelle tempête, que nul ordre ne régit, m'a seule répondu. Relevant ensuite mes regards vers les voûtes des cieux, je n'y ai trouvé qu'une orbite vide, noire, et sans fond. L'éternité reposait sur le chaos, et se rongeait et se dévorait lentement elle-même. »

« Redoublez de plaintes amères et déchirantes, que des cris aigus dispersent les ombres, car c'en est fait (1). »

Terribles paroles, hardiment placées par Jean-Paul dans la même bouche, qui jadis fit retentir parmi nous la bonne nouvelle. Mais Fichte ne nous laisse pas long-temps en proie à l'amère et cruelle déception que nous avons racontée.

La hardiesse de la pensée, l'emploi de nos plus nobles facultés nous conduiraient-ils nécessairement à ce douloureux résultat? cela ne saurait être. Aussi Fichte se hâte-t-il aussitôt de nous délivrer de cette douloureuse incertitude sur l'existence de la réalité, où pendant quelques instans lui-même s'est plu à nous plonger. Ce monde qu'il vient de détruire, de briser, de renverser, il va le relever tout aussitôt sur un autre fondement. Bien plus, à la fragile et misérable base sur laquelle ce monde reposait, il en substituera une autre, immor-

(1) Traduction de madame de Staël.

telle et inaltérable. A cette base de la science, sur laquelle ce monde existait pour nous, puisqu'il n'existait qu'autant que nous le savions, il substituera celle de la croyance, sentiment dont les racines dans le cœur de l'homme sont tout autrement profondes. Le monde n'est pas parce que nous le savons, nous dit maintenant Fichte; il n'en est pas moins cependant, mais il est parce que nous le croyons.

Que la réalité menace de disparaître, le monde de s'écrouler, sous les coups du scepticisme, en vertu d'une impulsion irrésistible, l'homme n'en est pas moins porté à agir; à manifester son existence par ses actes : on lui briserait le cœur avant d'en extirper cet impérieux besoin. Notre mission terrestre n'est pas de couver éternellement et oiseusement notre pensée, mais de manifester cette pensée, de la réaliser au dehors. En nous se trouve comme un monde moral que nous avons mission de transporter au dehors de nous, au moyen de nos actes. Or, nous ne pouvons agir qu'à la condition d'admettre qu'un théâtre existe où se passeront nos actions; qu'il existe un but que nous puissions atteindre. L'homme pourrait-il marcher, oserait-il essayer de marcher s'il ne sentait la terre sous ses pas ? Si cela n'était pas, de toutes les contradictions les plus bizarres serait sans doute cette impulsion vers l'action innée en nous. Mais la voix secrète qui nous enseigne que nous avons un but à atteindre sur la terre, un devoir à remplir, ne saurait nous induire en erreur semblable. Le monde existe ; s'il n'est pas tel qu'à la première vue nous étions disposés à le supposer, s'il n'a pas cette sorte de réalité matérielle que nous lui avions attribuée, il n'existe pas moins; seulement, c'est en vertu d'une autre sorte de réalité qu'il existe. Il est vrai que Dieu n'a pas pris le soin de le tirer du néant, de le façonner de ses propres mains, de l'étendre sous nos pieds ; mais Dieu a voulu le faire sortir des abîmes mêmes de l'intelligence humaine ; il a voulu lui donner une forme et une existence intellectuelles. L'importance et la dignité morale de l'homme ne font dès lors que gagner à ce dernier point de vue. L'homme n'est plus seulement le propriétaire et l'habitant du monde, il en est, en quelque sorte, le souverain, le créateur, le Dieu.

Après quelques instans de trouble et de vertige, il n'y a donc qu'énergie et que force d'esprit à puiser au sein de la doctrine de Fichte. Sachant qu'il nous est réservé de manifester au dehors cet ordre moral que nous portons en nous, sachant qu'il dépend de nous, absolument de nous, d'atteindre ce but sublime, nous ne saurions manquer d'avoir dans notre conduite quelque chose de cette fermeté qui honora le stoïcisme antique. Nous marcherons droit au but; nous ne nous laisserons abattre par aucun obstacle; déjà créateurs du monde, nous voudrons créer incessamment dans ce monde le beau, le bon, l'utile. Bien souvent, il est vrai, nous verrons périr l'œuvre de nos mains; c'est le sort de l'humanité de voir succomber en route de nombreuses générations, avant qu'une dernière génération aille toucher au but depuis long-temps visible aux yeux de toutes. Parfois même l'humanité semblera reculer au lieu d'avancer. Mais ces espérances sont trompeuses; un monde existe, monde purement intelligible, où toute activité, déployée sous l'inspiration du devoir, ne manquera pas d'atteindre un but, de produire un résultat. Cette supposition, sur laquelle nous reviendrons plus tard, la partie morale de la doctrine de Fichte, sert à constituer la règle des actions individuelles : elle sert encore à constituer l'état, c'est à dire la règle des actions de l'individu à l'égard des autres individus ; le droit naturel, c'est à dire la règle de la conduite des états à l'égard les uns des autres ; enfin l'histoire même de l'humanité.

Nous l'avions dit, la vraie destination de l'homme, c'est l'action, non la pensée ; l'action est l'homme tout entier. Mais la voix mystérieuse du devoir, qui pousse l'homme à agir, ne lui ordonne pas l'action en général ; ordonnée de cette façon, l'action serait impossible. Ce que la voix intérieure nous ordonne, c'est toujours une action déterminée, qu'il s'agit d'exécuter dans telle ou telle circonstance. Il n'est aucune circonstance de notre vie où cette voix se taise et se refuse à proclamer ce que nous avons à faire. Mais l'homme a besoin de certaines convictions pour obéir ; il doit croire à la réalité des choses que la conscience suppose réelles dans ce qu'elle commande ; il doit croire à la possibilité de réaliser extérieurement les commandemens intérieurs de la conscience. La conscience dit à l'homme : « Ce que sont en elles-mêmes ces apparitions dont tu es environné est chose ignorée de toi et le sera toujours ; ce qu'il y a de certain, c'est que tu dois les considérer comme des créatures libres, indépendantes de toi, existantes par elles-mêmes. Commence donc par supposer qu'elles sont ; admets ensuite que chacune d'elles, dans le libre essor de sa liberté, s'étant choisi un but, tu ne dois apporter aucun obstacle aux efforts qu'elle fera pour l'atteindre. » Tel est le fondement de la loi morale. Si nous n'avions pas de rapports avec les autres, nous n'aurions, en effet, ni droits, ni devoirs. En définitive, la morale pratique est contenue tout entière dans ce précepte que nous sommes mis au monde pour accomplir rigoureusement les prescriptions de la conscience, c'est à dire obéir à la loi du devoir. Ce point de vue est le plus élevé de la philosophie ; « à ce point de vue, dit Fichte, les doutes de la spéculation se dissipent aux yeux de l'intelligence comme les brouillards du matin à l'arrivée du soleil. »

L'état est le lien des relations des êtres libres entre eux. Il est la loi suprême. Fichte en trace une théorie analogue à celle de sa morale pratique. Nous nous concevons comme êtres raisonnables, mais à cette seule condition de nous attribuer la faculté d'exécuter, de produire certain acte. Or, cette faculté, par cela même que nous nous l'attribuons, nous devons l'attribuer de même aux autres êtres qui nous sont semblables. Dès lors aussi, tels ou tels rapports existent entre eux et nous; la conscience, non la pensée, nous élève à la conception de ces êtres; la conscience nous dit: « Dans l'usage de la liberté, arrête-toi ici, arrive ici, crains de gêner la liberté d'autrui en voulant aller au-delà. » Elle dit encore: « Use de toutes les choses qui te sont utiles ou nécessaires; mais, comme en dehors de toi, sont d'autres êtres tes semblables, à qui ces choses sont utiles, agréables ou nécessaires autant qu'à toi-même, il convient de t'astreindre à certaines règles dans l'usage que tu en fais. Considère comme t'appartenant celles qui te sont tombées en partage, mais considère aussi comme leur appartenant celles qui sont tombées en partage à d'autres qu'à toi. » Cette notion du droit préexiste à la pratique du droit ; c'est en effet la réalisation de cette notion que l'homme doit poursuivre dans le développement de sa propre activité. Mais notons ceci : cette notion du droit ne peut exister pour l'individu isolé ; elle suppose la société, elle en est le lien, le fondement, en même temps que le but. La liberté, la sécurité, la propriété seront les moyens principaux par lesquels ce but sera atteint. L'état ou la société est donc nécessaire ; si l'état n'existait pas, cette notion, demeurée perdue dans les plis de la conscience humaine, n'aurait, à l'extérieur, ni existence ni sanction.

Donc encore, avant la société, le droit n'existe pas : si quelques philosophes admettent cependant ce droit, ils ne devraient jamais le faire qu'à la façon d'une fiction plus ou moins utile à l'emploi de leur méthode scientifique. Loin de là, le droit se rapporte à la communauté ; il n'a d'existence que par la société ; il ne se trouve dans l'esprit de l'homme que parce que l'homme est né dans la société. La société ou l'état est le monde extérieur du droit. La société ou l'état est dans un état de perfection d'autant plus complet, que ces notions du droit s'y trouvent plus complètement, plus parfaitement réalisées.

A l'égard les uns des autres, les états ont des rapports analogues à ceux des individus entre eux dans l'intérieur de chaque état. Le droit des gens devra donc se trouver soumis aux mêmes règles que le droit civil et politique. Les prescriptions de la conscience, auxquelles l'individu obéit à l'égard des autres individus, devront être suivies par l'état dans sa conduite envers les autres états; car l'état n'est autre chose que la collection des individus qui le composent. Dans le berceau de nos sociétés, se sont trouvées beaucoup de choses injustes, il le fallait : sans l'existence du mal, la pratique du bien n'eût pas été méritoire. Le progrès naturel des choses n'en doit pas moins tendre à extirper, à chasser de l'intérieur des États le mal politique; les injustices, les violences, les spoliations, la domination de quelques-uns surtout, etc. Dès lors, aussi la paix extérieure et le bien-être intérieur se trouveront également assurés. Le plus souvent la mésintelligence entre les états ne provient pas de leurs relations réciproques, en tant qu'états; mais seulement de celles de leurs sujets respectifs. Les plaintes de l'un de ces états contre l'autre ont presque nécessairement pour objets quelques dommages particuliers : ces dommages réparés, tout motif de désunion s'évanouit. Or, dans un état où régnerait le droit, où serait complètement réalisée la notion du droit, ce dommage à peine amené serait immédiatement compensé, réparé.

Réaliser, ou, pour parler plus philosophiquement encore, objectiver les prescriptions de la raison, voilà donc le but de la vie terrestre de l'humanité. De ce point de vue, jetant les yeux sur le passé et l'avenir du monde, Fichte divise la vie totale de l'humanité en cinq périodes, dont chacune a un caractère particulier qu'il s'efforce de déterminer. Dans ce but, prenant d'abord pied dans le temps où nous vivons, il s'efforce de trouver la raison philosophique de ce temps, puis de là remonte ou descend tour à tour le cours des siècles (1).

Fichte se demande d'abord en quoi peut

(1) Voir caractères du temps présent.

consister une appréciation philosophique du temps présent. Pour que cette appréciation soit vraiment philosophique, il faut pouvoir rattacher à un même principe les faits variés, isolés, qui nous sont livrés par l'expérience; il faut de plus, à l'aide du raisonnement, pouvoir tirer logiquement tous ces faits de ce même principe. L'historien ne remplit qu'une portion de la tâche du philosophe : l'historien raconte bien les évènemens d'une époque, dans l'ordre où ils se présentent et tels qu'ils se présentent; mais il ne peut donner l'assurance de n'avoir oublié aucun de ces évènemens, ou bien de les avoir placés à l'égard les uns des autres dans leurs vrais rapports. Au point de vue purement historique, la simultanéité de ces évènemens ou leur succession dans le temps est le seul lien qui les unisse. Le philosophe qui voudra apprécier convenablement le caractère d'une époque racontée par un historien devra donc agir tout autrement que ce dernier. Il devra se faire de cette époque une idée, une notion indépendante de l'expérience; puis il devra montrer cette notion, cette idée, toujours identique à elle-même, toujours persistante sous la multitude des faits extérieurs et réels; s'incarnant, pour ainsi dire, dans la multitude des faits. Pour le philosophe, cette idée sera la raison première et dernière de la naissance et de la succession des évènemens; l'historien fera comme la chronique de cette époque, le philosophe en esquissera le plan général.

A toute époque préexiste l'idée de cette époque. C'est au moyen de l'intelligence de cette idée qu'il est possible d'arriver à l'intelligence de cette même époque. Or, à son tour, cette idée sera déterminée par les idées des époques qui ont précédé celle-là, par les idées des époques qui la suivront. En histoire comme en toutes choses, chaque partie est nécessairement déterminée par ses rapports avec l'ensemble : cela suppose un *plan du monde*, qu'il s'agit d'embrasser dans son ensemble, et d'où l'on pourra conclure les principales époques de la vie terrestre de l'humanité. Ce plan devra donc être embrassé dans sa totalité, saisi dans ses moindres détails. L'idée, la notion, que le philosophe se fera de la vie de l'humanité sur cette terre, constituera l'unité fondamentale de ce plan; et les divisions de ce plan correspondront aux principales périodes de la vie de l'humanité. C'est de cette notion générale, et des autres notions qui lui sont subordonnées, qu'il s'agira de tirer, par voie de déduction, les phénomènes particuliers.

L'hypothèse que rien n'est isolé dans l'histoire de l'humanité est donc au fond de cette méthode. Mais si cela est, l'humanité elle-même, c'est à dire l'apparition de l'homme dans l'espace et dans le temps, pourrait bien ne pas être de leur côté un phénomène isolé; pour mieux dire, elle ne l'est certainement pas, la vie de l'humanité se lie nécessairement à un état qui a précédé la vie terrestre, à un état qui la suivra. La manifestation temporelle de l'homme collectif n'est qu'un instant de sa vie immortelle. La notion que nous devons nous faire de cette vie terrestre peut donc se déduire d'une autre notion plus élevée, nous voulons dire de celle de la vie de l'homme dans sa totalité. Toutefois, cette recherche nous emporterait par trop loin de notre terre; bornons-nous à nous occuper de la vie de l'homme sur la terre, et des diverses périodes de cette passagère existence. Qu'il soit bien entendu, d'ailleurs, qu'il s'agit de la vie de l'espèce, non de celle de l'individu.

Or, l'idée fondamentale que l'humanité est appelée à réaliser, nous l'avons déjà indiquée. Elle peut se réduire à cette seule proposition : fixer tous les rapports de l'homme avec ses semblables, d'après les prescriptions de la raison, sans nuire à sa liberté; ou bien encore en cette autre proposition plus abrégée : réaliser sur la terre la notion du droit.

Par rapport à cette notion, la vie terrestre de l'humanité se subdivise en deux époques principales : la première est celle où l'homme n'a pas encore établi ses relations avec ses semblables, d'après les prescriptions de la raison; la seconde est celle où il aura établi ces relations en toute liberté, avec la conscience de ce qu'il faisait.

Que cela soit en effet le but de la vie de l'humanité, que l'humanité ne vive, n'existe que pour la réalisation successive et constante des prescriptions de la raison, cela semble évident au premier coup d'œil. Enlevez-vous cette loi à l'humanité, vous lui enleverez du même coup tout but terrestre en même temps que tout sentiment de sa propre dignité. Mais tantôt l'humanité a conscience de ce qu'elle fait, tantôt elle n'a pas cette conscience ; tantôt l'humanité agit en se rendant compte de ce qu'elle fait, tantôt elle n'obéit qu'à un destin aveugle, non éclairé. Dans ce second cas, ces actes n'en sont cependant pas moins conformes à la raison. Dans ce second cas, c'est à-dire à la première époque de la vie terrestre de l'humanité, la raison, bien qu'elle ne se manifeste pas encore par l'organe de la liberté humaine, n'en existe pas moins ; seulement elle se manifeste comme instinct, elle apparaît sous forme de loi naturelle ; elle ne se montre dans l'intelligence qu'à la façon d'un sentiment obscur, vague, indécis, qui ne se voit pas lui-même. En cela consiste le caractère principal, essentiel, de cette première période de la vie terrestre de l'humanité. Si l'instinct est obscur, aveugle, dépourvu de la conscience de lui-même, la raison, tout au contraire, aussitôt qu'elle se manifeste comme raison, se montre douée de conscience et de liberté ; elle se sait, elle se voit comme cause de ses actes. En tant que mouvement et tendance aveugle, l'instinct exclut la science; aussi la science suppose-t-elle dans l'homme l'annihilissement des mouvemens de l'instinct. Le caractère propre de la raison, c'est donc d'avoir conscience des choses qui échappent à l'instinct. La raison peut arriver à des résultats analogues à ceux de l'instinct, mais elle diffère cependant de l'instinct, parce qu'elle sait ses résultats, tandis que lui-même les ignore. La seconde période de la vie de l'humanité sera celle où la raison se manifeste en tant que raison, et sera de tout point l'opposé de la première.

Mais l'humanité n'atteint pas du premier pas à ce second terme; la raison ne se dégage que petit à petit des liens de l'instinct. Entre ce point de départ et ce point d'arrivée, il y a un grand, un immense espace. Voici donc ce qui se passe : les résultats obtenus par l'instinct de la raison, se concentrent d'abord chez un petit nombre d'hommes, qui sont l'élite de leurs contemporains, l'avant-garde de l'humanité. Ces hommes acquièrent une noble autorité dans leur siècle; ils doivent se servir de cette autorité comme d'un instrument pour élever jusqu'à eux le reste de l'espèce. Déjà parvenus à la raison, ils ont pour mission d'éveiller cette même raison chez d'autres hommes dont le nombre doit toujours être grossissant. Par cela même l'instinct va en diminuant incessamment, au sein de l'humanité. La science devient possible et bientôt apparaît. L'homme s'élève jusqu'à la conscience de la raison; il comprend que c'est d'après les prescriptions de cette raison qu'il doit établir ses rapports, façonner en quelque sorte, de ses propres mains, sa vie terrestre. Ce qu'il doit faire pour atteindre ce but sera l'objet de la science. Mais il faudra de plus qu'il sache comment mettre en pratique les règles qu'il aura puisées dans cette connaissance; ce sera l'objet de l'art, de l'art entendu dans la plus large acception du mot. Ainsi, en possession de l'art et de la raison, l'humanité ne trouvera plus d'obstacles à se manifester dans un temps donné, comme une empreinte achevée, une copie parfaite du modèle idéal que lui a fourni sa propre raison; elle entreverra son but terrestre; elle le touchera enfin, pour entrer aussitôt dans les hautes sphères de l'éternité.

D'après cette idée fondamentale, Fichte divise la vie totale de l'humanité dans les cinq périodes suivantes : 1° d'abord la domination de l'instinct sur la raison, c'est l'âge d'innocence de l'humanité; 2° l'instinct général de la raison fait place à une autorité extérieure et dominante; c'est le temps des systèmes de doctrines positifs, systèmes dénués par eux-mêmes de la puissance de persuasion, employant la force, exigeant une croyance aveugle, réclamant une obéissance sans limites, c'est l'avènement du mal, du péché; 3° l'autorité, dominante dans la période précédente, sans cesse attaquée par les manifestations de la raison qui arrive au monde sous sa forme actuelle, s'affaiblit et chancelle; c'est l'époque de l'indifférence à l'égard de toute vérité générale, c'est celle d'une licence sans limites, c'est encore le règne du mal et du péché; 4° la raison parvient à se savoir, la vérité se fait connaître; la science de la raison se développe; c'est le commencement de la perfection à laquelle doit arriver l'humanité; 5° la science de la raison est appliquée en connaissance de cause; l'humanité se fait, se façonne suivant l'empreinte idéale de la raison; c'est l'époque de l'art, c'est aussi celle de la justification et de la sanctification des époques précédentes. On remarquera qu'il serait possible de diviser, en périodes pareilles à celles-là, la vie de l'homme individuel.

Tel est le chemin que parcourt l'humanité et qu'elle doit naturellement parcourir; elle doit employer toutes ses forces à se faire elle-même ce qu'une force supérieure à elle ne manquerait pas de la faire, quand elle-même refuserait d'y travailler. Elle ne saurait cesser de diriger ses efforts dans ce sens, sans cesser d'être; sans que la vie et le mouvement ne l'abandonnassent pour faire place à la mort, à l'immobilité. Toutefois, que trouve l'humanité au terme de son pélerinage terrestre? Elle retrouve le berceau même d'où elle est sortie pour commencer ce pélerinage.

Dans le paradis l'humanité s'éveille à la vie, dénuée de science, d'art, de raison; bientôt arrive l'ange au glaive de feu qui la précipite du sommet de son innocence. Dès lors elle n'a plus de repos, plus de loisir, plus de sommeil; le temps lui manque pour poser ses pieds à côté l'un de l'autre; à travers des déserts arides et inutiles, force lui est de marcher, de marcher toujours. Instruite par la nécessité, elle arrache les ronces et les épines qui couvrent la terre; à la sueur de son front, elle ouvre un pénible sillon; avec la moisson dorée qui ne tarde pas à en sortir, elle recueille encore les fruits plus précieux de la science. A peine les a-t-elle goûtés, que sa main s'affermit, que ses yeux s'ouvrent; elle ose aspirer à reconstruire ce paradis qu'elle a perdu, et dont le souvenir, qui ne la peut quitter, devient de jour en jour plus vif. Elle atteint à ce but sublime, et se repose jusqu'à la fin des temps à l'ombre de l'arbre de vie qui fleurit de nouveau à ses côtés. C'est Fichte lui-même qui se sert de cette image, pour rendre symboliquement son idée.

Au reste, il doit être entendu que toute période, pour être rapportée à la vie générale de l'humanité, doit être considérée dans son caractère le plus général, non dans la vie des individus qui vivent pendant sa durée. Bien plus, le même temps chronologique peut voir coïncider plusieurs des époques de la vie de l'humanité. Suivant leurs divers degrés de culture, ou les facultés qu'ils ont reçues de la nature, des contemporains, des citoyens d'une même époque du monde peuvent appartenir à des époques différentes de la vie de l'humanité. Ce n'est même jamais qu'un assez petit nombre d'hommes qui expriment le caractère vraiment général et philosophique d'une époque; l'immense multitude est en arrière. S'il ne s'est pas trouvé en rapport avec un nombre d'individus assez considérable pour recevoir d'eux l'empreinte de l'époque où il vit, tel individu se trouvera nécessairement en arrière de cette époque; par la raison inverse, un petit nombre pourra la devancer. En revanche, il y aura tel autre homme dont le sein recélera l'avenir; il pourra lui être donné de manifester cet avenir, d'en être le précurseur et le messie.

Toutes les époques de l'humanité sont également nécessaires; elles tendent à la réalisation d'un même plan; elles sont autant de phases du grand mouvement général imprimé à l'humanité depuis l'origine des âges, mouvement qui ne saurait être changé ni contrarié par les efforts de quelques uns. L'individu concourt suivant ses forces à l'accomplissement du plan général; il fait la tâche qui lui est imposée. Ces efforts réunis font le mouvement du monde, quoique le résultat produit par chacun n'ait pu être qu'un infiniment petit. Étudions donc l'histoire avec calme, avec sang-froid; n'ayons point d'engouement excessif pour tel siècle, d'aversion pour tel autre. Reconnaissons partout la nécessité, c'est le propre du philosophe de savoir saisir en toutes choses cette loi suprême. A propos de l'époque où l'on vit, le dénigrement convient encore moins qu'à l'égard de toute autre; au lieu de nous laisser aller à de stériles lamentations sur ce qu'elle a de mauvais, faisons, au contraire, qu'elle devienne ce que nous voulons qu'elle soit. Le moyen est simple : faisons le bien, pratiquons la vertu.

Ailleurs Fichte énonce plus clairement encore l'idée du progrès continu de l'humanité. Il est question de l'Amérique : « Dans ce Nouveau-Monde (dit-il), j'aperçois des hommes à l'état sauvage, mais comme ces hommes ont en eux les conditions d'un développement intellectuel et social, cela suffit pour m'empêcher de croire que ce développement leur sera refusé. Je me sens révolté de la seule pensée que des hommes pourraient n'être que des animaux, le fussent-ils d'une espèce bien supérieure aux autres. Sans ce développement social, que seraient les sauvages, sinon un contre-sens bizarre, une choquante anomalie dans l'ordre du monde? Aussi cela n'est pas; j'en trouve une preuve sans réplique dans ce fait : c'est que les peuples les plus civilisés du Nouveau-Monde, à l'époque de sa découverte, avaient incontestablement des sauvages pour ancêtres. » Fichte examine alors plusieurs questions : La civilisation se développe-t-elle spontanément? s'élance-t-elle, pour ainsi dire, d'elle-même, comme formée de toutes pièces, du sein des premières agrégations d'hommes que le hasard a formées? En raison de la nature des choses, doit-elle, au contraire, être toujours enseignée à l'homme, de sorte que pour trouver la source première il faille nécessairement, après avoir remonté de générations en générations jusqu'à la première, arriver à une révélation primitive? Nous ignorons tout cela, nous l'ignorerons vraisemblablement toujours. Toutefois Fichte ne met pas en doute qu'un jour ne vienne où les peuplades, demeurées jusqu'à présent les plus éloignées de la civilisation, y parviendront à leur tour; où, à leur tour, elles arriveront à ce même degré de civilisation où sont aujourd'hui parvenus les peuples les plus avancés de notre époque. Devenues alors parties intégrantes de l'association générale, elles participeront à tous les progrès de l'avenir.

Au premier coup d'œil que nous jetons sur la surface du monde, ne demeurons-nous pas, en effet, tout aussitôt convaincus qu'il est de la destination de l'humanité de tendre à se constituer en un seul corps homogène? Depuis l'origine du monde, nos vices et nos vertus, la paix et la guerre, les évènemens ou le hasard, ne nous ont-ils pas également poussés vers ce but?

Arrivé à cette époque de sa vie terrestre, l'homme touchera sans doute à une ère de paix, de bonheur, de repos. Les hommes ne font point le mal pour l'amour du mal, pour le plaisir de faire le mal; quand ils le font, c'est en vue d'un avantage qu'ils espèrent en retirer, qu'ils n'en retirent que trop souvent dans l'ordre actuel des choses. Mais si la société était constituée comme elle doit l'être, comme elle le sera un jour, l'auteur d'une mauvaise action n'en retirerait que mal et dommage; le mal reviendrait à son auteur. Le moment arrivera donc où dans sa patrie, à l'étranger, sur la terre entière, le méchant ne trouvera pas à qui nuire avec impunité; il se trouvera dépouillé de la puissance de mal faire; et dès lors la volonté du mal ne tardera pas à l'abandonner; l'intérêt ne divisant plus les hommes, ils emploieront leur force à achever de soumettre, de dompter la nature. Aucune perturbation nouvelle n'empêchera plus les hommes de graviter de toutes leurs forces vers le bien; le mal disparaîtra du monde. La pensée même du mal s'effacera de l'intelligence humaine. Suivant l'image favorite de Fichte, le paradis aura été reconquis.

Alors se réalisera sans effort la sublime parole de l'Évangile. Alors chacun aimera bien réellement son prochain comme lui-même ; car le dommage supporté par un des membres de la société sera un dommage pour toute la société. Le bien arrivé à l'un profitera de même à la société entière (1).

Le devoir trouve dans Fichte un apôtre non moins ardent ni moins inflexible que Kant. Mais l'ordre des choses actuel ne se prête pas toujours à la réalisation de la notion du devoir. Fichte s'attache, en conséquence, à démontrer l'existence d'un monde intelligible, indépendant du monde matériel et lui coexistant, quoique placé dans une sphère supérieure. L'homme serait le centre et le lien de ces deux mondes, il lui serait donné de se manifester simultanément dans l'un et dans l'autre. La loi, la notion du devoir, que l'homme trouve dès sa naissance gravée dans son esprit, serait le point d'intersection de ces deux mondes. Ainsi, quand l'homme exécute un acte quelconque en vue de la pratique du devoir, cet

(1) Voir *Destination de l'homme*.

acte produirait en même temps une double série d'effets, l'une dans le monde visible et matériel, l'autre dans le monde intelligible. Pour ces derniers, nous pouvons le plus ordinairement les voir de nos yeux, les toucher de nos mains. Mais ce même acte produit encore dans le monde intelligible une série d'autres résultats fort différens de ceux-là, bien qu'ils leur correspondent et leur soient en quelque sorte parallèles. De ces résultats produits par nos actes, les uns sont régis par les lois du monde matériel, les autres par celles non moins immuables du monde intelligible.

Dans le monde matériel, m'arrive-t-il de lancer une bille dans telle ou telle direction, avec telle ou telle force, il m'est possible de calculer la ligne que décrira cette bille, la vitesse avec laquelle elle roulera. Si cette bille en rencontre une seconde, toutes deux se partageront la quantité de mouvement qu'avait la première bille, toutes deux continueront à se mouvoir, suivant une nouvelle ligne, avec une vitesse qu'il m'est facile de calculer, etc. Si ces deux billes en rencontrent une troisième, une nouvelle série de phénomènes se présentera que je puis encore calculer ; il suffit pour cela de quelques données premières sur la direction suivie par la première bille, la vitesse qui lui a été imprimée, etc. Bien plus, à l'aide de ces données premières, toutes ces choses peuvent se calculer à l'avance. Or, les effets de la volonté dans le monde invisible ne sont ni moins positifs, ni moins nécessaires ; seulement, tandis que la loi suprême du monde matériel est la pesanteur ou la gravitation, la loi suprême du monde intelligible est le devoir. Le devoir est le lien qui enchaîne les unes aux autres, dans le monde invisible, toutes les intelligences des êtres finis, de même que la force d'attraction attache et lie entre eux tous les corps de l'univers matériel. Dans le monde matériel, l'homme n'agit qu'à la condition de se mouvoir; dans le monde invisible, il ne saurait produire un effet quelconque qu'à la condition que ses volontés soient conformes à la loi du devoir. Dès lors, à peine a-t-il voulu, sous l'inspiration du devoir, que la volonté et les effets qu'elle doit produire échappent à sa puissance. Il ne peut pas plus les annuler qu'il ne peut empêcher de tomber la pierre que sa main a lâchée, qu'il ne peut empêcher l'eau de se rider en cercles concentriques autour de cette pierre, s'il arrive qu'elle l'ait reçue dans son sein.

Il n'est donc nul besoin que je sois affranchi des liens du monde matériel, dit ailleurs Fichte, pour devenir citoyen de ce monde intelligible. Ce monde, je puis l'habiter, je l'habite dès aujourd'hui; c'est même parce que je vis déjà de la vie éternelle, que je trouve le courage de supporter ma triste existence de la terre. Pour naître à cette vie, il n'est pas nécessaire que je traverse la tombe. Ce n'est pas au delà de la tombe que se trouve ce que certaines gens appellent le ciel; le ciel est sur cette terre, il éclaire de sa divine lumière le cœur de l'homme de bien. Pas un instant ne se passe où, de la misérable poussière dans laquelle je rampe, je ne puisse m'élever jusqu'à lui, où je ne puisse en prendre possession au nom de l'intelligence et de la liberté. Il me suffit pour cela de prêter l'oreille à la voix de la conscience qui, dans toute circonstance, ne cesse de m'enseigner ce qu'il est à propos que je veuille, ce que je dois vouloir, en même temps ce que toujours je puis vouloir (1).

La loi générale de ce monde invisible, la volonté universelle qui régit ce monde invisible, c'est Dieu. Pour Fichte, Dieu existe dans la conscience; il est cet ordre moral du monde, notion sublime jusqu'à laquelle le moi s'élève au moyen de l'idée du devoir. Par ses efforts pour réaliser cet ordre moral, et tout en agissant dans ce monde invisible, ainsi que nous venons de le dire, l'homme tend vers Dieu, il vit de la vie de Dieu, il aspire à se confondre avec Dieu; car Dieu ne saurait être distinct, indépendant du monde moral. On ne peut attribuer à Dieu l'intelligence et la personnalité sans en faire un être semblable à nous; l'idée même de Dieu est contradictoire à la supposition qu'il existerait comme substance dans l'espace et dans le temps. Concevoir Dieu comme créateur, comme rémunérateur de la vertu, est d'ailleurs une conception qui ne profite qu'à nos passions. . . . . .

La destinée de l'homme ne s'accomplit

(1) *Destination de l'homme*, p. 309.

pas tout entière sur cette terre ; il y a dans l'homme mille tendances qui n'ont pas de but pendant sa vie terrestre ; il y a dans l'homme mille désirs qui dépassent le cercle matériel où il se trouve momentanément emprisonné. Tout chétif et misérable que soit l'homme, il n'en est pas moins immense en effet par ses désirs ; par eux il touche à l'infini. Or, si la destinée de l'homme ne s'étendait pas au delà de sa vie dans le temps ; si l'homme né de la terre devait retourner tout entier à la terre, pourquoi ces instincts, ces désirs, ces avant-goûts de l'infini ? Tout cela serait inexplicable et contradictoire. Mais dans la supposition d'une autre vie, dans la supposition que le passage de l'homme sur la terre est seulement une transition qui doit immédiatement aboutir à une autre vie au delà de la terre, tout cela s'explique, tout cela se concilie. C'est alors la mort elle-même qui témoigne de notre immortalité; la mort est le cachet apposé par la nature sur une période de notre existence achevée, parcourue. La nature semble déclarer par là qu'elle excepte la responsabilité de cette période, avant d'introduire dans une vie nouvelle celui qui l'a déjà parcourue, et de se présenter à lui sous une forme nouvelle, de lui offrir un nouveau théâtre au déploiement de ses facultés. L'ordre du monde extérieur, la vie qui le remplit, le degré de perfection que ce monde laisse entrevoir, admirables sans doute, ne sont pourtant qu'une sorte de rideau qui nous cache un autre monde plus grand, plus magnifique. Aux yeux du sage, le monde matériel n'est que la grossière enveloppe du monde invisible, qui déjà perce de toute part; monde merveilleux sorti tout entier des abîmes de l'intelligence du moi, où le moi ne cesse de se complaire et de s'admirer.

Le moment est venu, en effet, de le répéter: la doctrine de Fichte a sa source dans le moi absolu; sa formule la plus générale est celle-ci: Moi-moi. Au point de vue de Fichte, le moi est la source de toute activité, de toute réalité; il est à la fois non pas seulement tel objet et tel sujet, mais tout objectif et tout subjectif, mais toute objectivité et toute subjectivité; il est à la fois la science et l'existence, il est et se sait. Dans le moi l'existence et la science se limitent réciproquement, sous des conditions toujours différentes. De là toute une multitude d'apparitions finies du moi, qui se détachent, se mettent en relief sur ce fond de l'infini qui est toujours le moi.

Nous avons déjà fait remarquer l'anologie de la philosophie de Fichte avec celle de Kant; mais Fichte a, en outre, quelques points de ressemblance avec Jacobi. Tous trois s'accordent pour reconnaître la réalité d'une intelligence finie; tous trois reconnaissent la réalité du fini, du relatif, aussi bien que celle de l'absolu et de l'infini. Mais, suivant Kant, Dieu est absolument en dehors et au dessus de nos moyens de connaître; d'après Jacobi, il n'est en rapport qu'avec notre croyance, notre sentiment; d'après Fichte, il se confond avec l'ordre moral du monde, il s'incarne dans la loi universelle. Descendant de ce trône où l'adorent les théistes, il vient s'incarner dans la loi; il devient un Dieu-loi; il n'est plus qu'une catégorie du moi, que ce moi tend sans cesse à réaliser. Se bornant à l'examen des conditions de la connaissance, Kant s'abstient soigneusement, comme nous l'avons dit plusieurs fois, de toute hypothèse ontologique; il n'enseigne rien de l'essence du monde moral, ou du monde réel. Dans les élans de sa foi, Jacobi s'élance volontiers au delà de ce monde réel : sur les ailes de son platonisme chrétien, il s'élève incessamment vers les sphères les plus éthérées du mysticisme. Fichte, sous les coups de son impitoyable logique, brise, anéantit le monde matériel; il livre à l'activité du moi l'espace sans limites; il exalte à un degré jusqu'alors inconnu la puissance et l'énergie de la volonté humaine. Les lois de l'intelligence et du devoir incessamment promulguées par l'activité du moi, voilà, selon Fichte, les seules réalités. Pour trouver sous ce rapport quelque chose à comparer à Fichte, il faut remonter jusqu'aux plus grandes figures du stoïcisme antique.

C'est qu'au point de vue moral la doctrine de Fichte est vraiment comme une réapparition du stoïcisme de l'antiquité. Dans nos temps modernes, il est, sans contredit, l'homme qui ressemble le mieux à Epictète et à Zénon et à Caton; en vigueur d'esprit, en énergie de cœur, il ne leur cédait nullement : ajoutez qu'en lui cœur et génie étaient de même trempe. Au milieu des révolutions qui grondent, des États qui se renversent, Fichte est bien le sage d'Horace demeurant impassible sur les débris du monde écroulé.

Au commencement de sa carrière, Fichte occupait une chaire de philosophie à Iéna; quelques débats survenus à l'occasion d'une accusation d'athéisme encourue par ses leçons le forcèrent à s'en démettre. Il avait pour adversaires Goëthe et Herder. L'esprit vague et un peu indécis de Herder était antipathique à ce qu'il y avait de tranché, de violent, d'absolu dans les idées de Fichte; des hauteurs de son panthéisme, Goëthe considérait ces idées avec un calme peut-être quelque peu méprisant. Appelé à Berlin peu d'années après cette circonstance, Fichte continua d'y professer la philosophie. C'est là qu'il arriva rapidement à l'apogée de son importance et de sa célébrité; il s'était mis de prime abord au dehors des traditions officielles de l'enseignement. Après avoir lutté, à son entrée dans la vie, contre les tristes réalités du monde, au milieu de sa carrière Fichte se trouvait donc encore une fois en lutte avec les doctrines et les hommes : toutefois cette lutte fut sourde, monotone. Long-temps aucun évènement de quelque importance ne vint se mêler à la vie de Fichte. Peut-être même est-ce là une condition nécessaire pour la destinée des hommes qui pour la pensée doivent agir fortement sur les autres hommes. L'infirmité de notre nature ne serait-elle pas un obstacle à peu près invincible à ce que nous soyons à la fois grands par la pensée et grands par l'action? Il arrive rarement que le penseur soit un énergique homme d'action, ou bien encore que l'homme d'action soit un penseur remarquable.

Une circonstance arriva cependant où notre philosophe prit une part noble et active aux affaires du monde, où il descendit dans l'arène des intérêts positifs. Il vint défendre les armes à la main les doctrines professées par lui du haut de sa chaire. Il voulut être le soldat après avoir été le professeur de sa philosophie.

Un jour donc, c'était en 1813, le professeur avait une leçon à faire sur le devoir. Il fit cette leçon avec le même calme, le même sang-froid, la même éloquence que de coutume;

ensuite il entra dans quelques considérations sur l'état des affaires, il parla des blessures toutes saignantes de l'Allemagne, il conclut sur la nécessité où se trouvait chacun de recourir aux armes; il termina par ces nobles paroles: « Le cours sera donc suspendu jusqu'à la fin de la campagne; nous le reprendrons dans notre patrie devenue libre, ou nous serons morts pour reconquérir sa liberté. » A ces paroles, éclatent de toute part des cris, des battemens de mains, des houras retentissent. Descendant de sa chaire, Fichte traverse la foule, et va se placer dans les rangs d'un corps partant pour l'armée. C'était le commencement de cette campagne de 1813, si désastreuse pour les armées françaises. Dix années avant cette époque, notre noble compatriote, La Tour d'Auvergne, se trouvait encore dans nos rangs; La Tour d'Auvergne philologue enthousiaste et premier grenadier de la République française. Le savant breton et le professeur allemand, l'auteur des antiquités celtiques et celui de la doctrine de la science, auraient eu la chance d'échanger leurs balles, mais déjà La Tour d'Auvergne avait trouvé son glorieux trépas. C'était tout bonnement avec quelque ignorant conscrit, ne sachant probablement ni lire ni écrire, que Fichte avait à faire le coup de feu. Noble et admirable résolution, mais qui touche de trop près aux évènemens politiques pour que nous puissions nous dispenser d'en dire quelques mots.

L'Allemagne obéissait à un sentiment sympathique à celui de Fichte : impatient de venger de longs malheurs et de nombreuses défaites, elle se précipitait tout entière sur le champ de bataille. Le sentiment de sa nationalité tout à coup réveillée, une haine implacable contre l'étranger, l'enlevaient à son calme, à son inertie, à son recueillement habituel. Elle aurait préféré la mort au joug impérial. L'empire, héritier du consulat et de la Révolution, avait froissé par trop rudement la vieille et noble Germanie. L'Assemblée constituante, condamnée à laisser ce singulier contresens entre ses œuvres et son nom, avait à peu près tout désorganisé; elle avait jeté bas le vieil édifice, puis sur les ruines s'était hâtée de proclamer bien haut les doctrines de Jean-Jacques, évangile de cette période de la Révolution. On sait ce mot de Napoléon parlant de Rousseau : « C'est pourtant lui qui a fait la Révolution; au surplus, je ne dois pas m'en plaindre, puisque j'y ai attrapé le trône. » Mot bizarre, où se trouve toute la sagacité antirévolutionnaire de celui qui le prononça. Les mêmes doctrines philosophiques et politiques régnèrent à la Convention. A cette époque, certains esprits, dépassant de bien loin Rousseau, allaient jusqu'à des exagérations que lui-même n'aurait osé aborder, même par la pensée. Sparte était devenue leur idéal : « C'est le bonheur de Sparte que nous voulons donner au peuple, disait Saint-Just, non celui de Persépolis. » A la vérité, les nécessités du temps emportèrent, au contraire, le pouvoir en sens opposé : comme elle a toujours fait, comme elle fera toujours, la guerre engendra la dictature. La liberté la plus extrême n'avait été écrite, dans la constitution de l'an III, qu'à la condition d'en être aussitôt effacée; la constitution fut suspendue en même temps que promulguée. Les doctrines de la philosophie du XVIIIe siècle n'en continuèrent pas moins de régner.

Sous le directoire, sous le consulat, c'étaient encore les mêmes idées dans toutes les têtes. La métaphysique de Condillac devait défrayer l'instruction primaire et l'instruction normale de cette époque; elle était tout à fois la base et le couronnement de l'édifice, jamais aucune doctrine philosophique n'eut un pouvoir plus incontesté. Les partisans de l'ancien ordre de choses ne trouvaient, au fond, rien à lui objecter; ceux de l'ordre actuel lui avaient donné leur sang; les hommes d'affaires, ceux du moins qui n'avaient pas rompu avec toute vue théorique, la prenaient pour base de leurs projets d'avenir. Mais, pendant ce temps, la société cédait, pour ainsi dire machinalement, à un grand besoin de reconstruction sociale; besoin si violent, si puissant, que Bonaparte n'en fut pour ainsi dire lui-même, dans ses commencemens, que le passif instrument.

Avec son intronisation s'ouvrit une ère nouvelle. Tandis que la nation n'avait peut-être voulu que la restauration du matériel de l'ancienne société, Napoléon alla plus loin; il ferma le forum, imposa le silence à la tribune nationale, releva peu à peu ce qui avait croulé sous les coups de l'Assemblée constituante. Avec des hommes nouveaux, il refit autant qu'il fut en lui l'ancien ordre des choses. Les intérêts matériels de la Révolution s'enfonçaient de plus en plus dans le sol; les doctrines de la Révolution, du nom desquelles ces intérêts s'étaient réclamés en venant au monde, furent combattues avec acharnement. A certains points de vue, l'empire a quelque chose de plus antique que la monarchie de Louis XIV; l'étiquette impériale rappelle parfois l'empire d'Orient. La jeunesse tout entière enrégimentée, dans les lycées, répétait dans le catéchisme ces paroles aujourd'hui tellement étranges à nos oreilles, qu'elles nous paraissent appartenir à un autre monde de civilisation : « D. Quels sont les devoirs des chrétiens à l'égard des princes qui les gouvernent, et quels sont en particulier nos devoirs envers Napoléon 1er, notre empereur? R. Les chrétiens doivent aux princes qui les gouvernent, et nous devons en particulier à l'empereur Napoléon l'amour, le respect, l'obéissance, etc..... Honorer et servir notre empe-

reur est donc honorer et servir Dieu-même.
D. Que doit-on penser de ceux qui manqueraient à leur devoir envers notre empereur? R. Selon l'apôtre saint Paul, ils résisteraient à l'ordre établi de Dieu-même, et se rendraient dignes de la damnation éternelle. » Voilà les paroles que nous avons bégayées dans notre enfance, nous, dont les pères avaient écrit la déclaration des droits de l'homme.

La littérature se composait alors de quelques poèmes et de quelques tragédies, taillés sur l'ancienne forme. Les sciences étaient plus heureuses. Laplace écrivait sa mécanique céleste; Lagrange achevait de donner au calcul infinitésimal les derniers perfectionnemens qu'il pût recevoir; Monge créait la géométrie descriptive; Carnot appliquait à la fortification les plus savantes formules : dans un livre élégant bien qu'incomplet, il cherchait la métaphysique du calcul infinitésimal. Les successeurs de Lavoisier ne laissaient pas la chimie dégénérer, la physique marchait de découverte en découverte, etc. Dans toutes les autres voies, l'intelligence nationale semblait vouée à un sommeil léthargique. De sa main toute-puissante, Napoléon avait saisi si fortement la France, que toute vie physique et morale s'y trouvait comme suspendue. La fibre mathématique était, pour ainsi dire, la seule qui battît encore.

Cette oppression eut pour résultat de réunir en état d'hostilité contre l'empire toutes les opinions, depuis les plus monarchiques jusqu'aux plus républicains. Benjamin Constant écrit le plus beau de ses livres, *De l'usurpation et l'esprit de conquête*; Lanjuinais, dans l'isolement de la solitude, trace son ouvrage sur les constitutions, où le grand empire est si sévèrement jugé; il se tient prêt à déclarer la guerre au conquérant de l'Europe, au nom de la paix qu'il réclame pour la France épuisée. Je ne sais combien de prisons d'état s'élèvent sur les ruines de la Bastille. La philosophie, qui résume toutes les autres branches de la connaissance humaine, depuis long-temps n'a plus de tribune; bientôt elle n'aura plus d'asile. Le grand ouvrage de l'Allemagne est mis en pièces par les gendarmes de M. le duc de Rovigo. Madame de Staël, qui personnifie à cette époque la pensée indépendante, ne peut poser le pied nulle part; après avoir longtemps erré çà et là, force lui est de s'enfuir en Angleterre, et pour cela il lui faut prendre par Moscou. Dans *les dix années d'exil*, il est un passage d'une lecture douloureuse; il s'agit d'un dîner offert à l'auteur par le comte Orloff : « L'excellente musique du comte, » dit-elle, « nous fit entendre l'air anglais *God save the king* (Dieu protège le roi), qui est le chant de la liberté dans un pays où le monarque en est le premier gardien. Nous étions tous émus et nous applaudîmes à cet air national pour tous les Européens; car il n'y a plus que deux espèces d'hommes en Europe, ceux qui servent la tyrannie et ceux qui savent la haïr. » Or, en dépit de l'amertume de l'expression, on ne saurait l'accuser d'être tout à fait dénuée de justesse.

Chose bizarre cependant! cette même philosophie qui, dans les limites de l'empire, trouvait si peu grâce devant Napoléon, reprenait au dehors et l'importance et la dignité; tous les honneurs qu'on lui refusait dans l'intérieur de la domination impériale, on les lui rendit au dehors. A l'égard des étrangers l'empire se prévalait volontiers des doctrines de la philosophie du XVIIIe siècle. Au nom de cette philosophie il était dédaigneux des souvenirs et de la nationalité des peuples : le plus souvent il leur était hostile ; il abolissait, effaçait leur histoire au gré de ses caprices ; il froissait leurs sympathies et leurs habitudes. Traditions, croyances, coutumes locales, mœurs, toutes ces choses si précieuses pour les peuples qui n'ont pas complètement rompu leur passé, qui n'ont pas encore eu la prétention de se faire en un jour l'œuvre de leurs mains, toutes ces choses, disons-nous, l'empire les foulait superbement aux pieds ; il les traitait dans le domaine de la réalité, comme l'avait fait la philosophie du siècle passé dans celui de la théorie. Ainsi il allait imposant impitoyablement en tous lieux ses décrets, sa police, ses préfectures, son administration, son système militaire, ses poids et mesures, que sais-je encore ? Hambourg et Rome avaient tout cela aussi bien que Tours et Bordeaux. C'était là, en effet, non pas seulement comme autant de fourches caudines sous lesquelles les vaincus étaient tenus de passer ; c'étaient, il faut le dire, les formules de la civilisation moderne; c'était le formulaire de la croyance de ces conquérans du monde. L'empire combattait la philosophie du XVIIIe siècle, comme lui étant momentanément hostile; il y croyait pourtant du fond du cœur; tout ce qui n'était pas cela était pour lui la barbarie. On pourrait citer mille témoignages de cette foi de l'époque en la philosophie du XVIIIe siècle, comme la source de toute lumière, de toute vérité. Entre tous, je n'en rappellerai qu'un seul; en revanche il vient d'un homme qui vivait au sein de graves, de sérieuses, de sublimes études. Ouvrez le *Système du Monde* de M. de Laplace, dans une citation antérieure à 1814, lisez-y la phrase suivante : « Grande époque, » où bientôt tous les peuples du monde obéi» ront aux mêmes lois et auront les mêmes » poids et mesures; » puis, dites-moi si vous avez vu nulle part le mépris de l'histoire, celui des invidualités nationales, la méconnaissance de ce progrès continu, à la fois uniforme et varié, qui constitue la vie des peuples, plus naïvement exprimés que dans cette phrase de notre grand mathématicien.

Cessons donc de nous étonner si la civilisation française, marchant à la suite de nos armées, ne put envahir l'Allemagne. Elle froissait, brisait, refoulait douloureusement, au fond des cœurs allemands, tout sentiment national, toute croyance religieuse, toute habitude intellectuelle. Le midi de l'Allemagne s'était, à la vérité, soumis sans beaucoup de résistance au joug impérial. Mais dans le nord, où le contact avec le monde napoléonien était plus fréquent et, par conséquent, plus douloureux ; dans le nord, dont peut-être l'énergie s'était retrempée dans le protestantisme, la résistance ne devait pas tarder à éclater violemment. La Prusse en fut et en devait être l'organe le plus énergique. L'armée prussienne ensevelie dans les plaines d'Iéna ; Berlin devenu un des quartiers généraux habituels de l'armée française ; la nation succombant sous le poids des impôts, toutes ces blessures à l'amour-propre national, à peine cicatrisées aujourd'hui, étaient alors toutes récentes, toutes saignantes. De là un mouvement général de résistance à l'étranger; de là une résolution vraiment unanime de mourir ou de s'affranchir de la domination, j'allais dire de l'écrasement impérial. Cependant les griefs de la Prusse contre l'empire étaient, sous quelques rapports, partagés par l'Allemagne; ce n'était pas seulement la nationalité prussienne que l'empire tentait d'effacer, c'était toute nationalité. Il en résulte que tout ce qui avait une nationalité, tout ce qui tenait de près ou de loin à la nationalité, devait finir par se réunir contre l'empire comme on le fait contre un ennemi commun. La Prusse fit l'avant-garde; mais au corps de bataille était l'Allemagne entière.

Gentilshommes, bourgeois, paysans, commerçans, artisans, savans, aristocratie, démocratie, peuples et rois, regrets du passé, espérances de l'avenir, souvenirs du moyen-âge, poésie, philosophie, science, idées et intérêts les plus distincts jusqu'alors les plus ennemis, arrivèrent à former une véritable croisade contre la domination française. La jeunesse de Berlin venait aiguiser ses sabres sur les bornes de l'hôtel de notre ambassadeur ; la jeunesse de Vienne répétait en chœur les hymnes de Koerner.

Quand Fichte prit la grande résolution dont nous avons parlé, il s'associait de sa personne à ce grand mouvement national. Depuis longtemps il s'y était associé par le caractère de son enseignement : il l'avait préparé, mûri, couvé. Sous de nombreux rapports sa philosophie est, en effet, toute d'opposition à la philosophie française. En face de cette philosophie, dont le principe fondamental était l'infaillibilité de la sensation, Fichte en démontre l'infirmité, la stérilité ; il la montre en flagrant délit d'impuissance à donner un fondement rationnel à nos connaissances. La philosophie du XVIIIe siècle voit dans l'univers la matière diversement modifiée : Fichte, lui, nie la matière, il la remplace par une activité libre, indéfinie. L'intérêt bien entendu est proclamé, par cette philosophie, l'unique mobile de l'activité humaine. Fichte brise ce mobile ; il délivre l'humanité du joug des intérêts ; il relève le sentiment moral pour l'exalter, le grandir jusqu'au stoïcisme. Non seulement il établit la doctrine d'un monde intelligible, mais il donne à ce monde une réalité objective d'aussi bon aloi que celle du monde matériel lui-même. Pour la philosophie française, la société est une institution artificielle, fondée de main d'homme, soutenue par des conventions; pour Fichte, la société est la condition nécessaire de l'humanité : l'homme est né dans la société. La philosophie française nie le développement progressif de l'humanité; pour Fichte ce développement est le fondement, la condition nécessaire de l'histoire. Tous deux, Fichte et la philosophie française, accordent, il est vrai, une grande importance au moi; mais c'est précisément sous cette similitude apparente que se trouvent leurs oppositions les plus saillantes. Le *moi* de la philosophie française est le résultat de l'organisation matérielle; il est le produit de la matière; le *moi* de Fichte est le créateur de l'organisation matérielle, de l'univers tout entier. Leur rencontre sur ce même point ne sert qu'à mieux faire éclater leur opposition fondamentale : on pourrait ajouter que s'ils arrivent enfin à se rencontrer, c'est en raison même de cette opposition. Dans le cercle, n'est-ce pas à force de s'être éloignés l'un de l'autre que le 1er et le 360e degré arrivent enfin à se toucher?

Prise en elle-même, la philosophie de Fichte peut être considérée comme le côté subjectif de celle de Kant. On dirait la philosophie de Kant, faisant quelques instans abstraction du réel et de l'objectif, dans le but de se compléter du côté idéal du subjectif. Par cela même qu'elle n'était qu'une méthode, une critique, cette philosophie pouvait en effet se développer dans ces deux sphères de l'idéal et du réel, soit successivement, soit simultanément. La philosophie de Fichte représente encore le spiritualisme, l'idéalisme; c'est l'idéalisme forcé de céder quelques instans le théâtre du monde au matérialisme, mais se concentrant dans la conscience, dans le moi, comme dans un fort inexpugnable d'où elle devait s'élancer de nouveau à la noble conquête de l'époque actuelle (1).

(1) Voir la note à la fin de l'ouvrage.

FIN DU PREMIER VOLUME.

OUVRAGES DE FICHTE.

Idée de la doctrine de la science. Weimar, 1794, in-8°, IIe édition augmentée. Iéna, 1798. — Principes fondamentaux de toute la doctrine de la science. Weimar, 1794, in-8, IIe édition, 1802, in-8°. — Esquisse des principes propres à la doctrine de la science. Iéna et Leipzig, 1795, in-8°, IIe édition correcte. *Ibid.*, 1802. Ces deux derniers ouvrages réunis, sans changement, Tubingue, 1802. — Essai d'une nouvelle exposition de la doctrine de la science, et introduction nouvelle à cette doctrine; dans le journal philosophique, publié par Niethammer et Fichte, 1797, 1er cahier, page 1, 4e cahier, p. 310, 5e cahier, page 1, et 6e cahier. — Réponse à C.-L. Reinhold au sujet de son essai sur le moyen d'apprécier facilement l'état de la philosophie au commencement du XIXe siècle. Tubingue, 1801, in-8°. — Explication plus claire que le jour (Sonnenklarer) sur le vrai sens de la nouvelle philosophie, etc. Berlin, 1801, in-8°. — La doctrine de la science dans ses linéamens généraux. Berlin, 1810, in-8°. — Les faits de conscience; leçons données à Berlin. 1810-11. Stuttgard et Tubingue, 1817, in-8°.

Essai d'une critique de toute révélation, IIe édition, augmentée et correcte. Kœnigsberg, 1798, in-8°. — Du principe de notre croyance à un ordre divin qui gouverne le monde; Journal philosophique, 8e volume 1798, 1er cahier. — Appel au public sur les prétendues propositions athées qui lui ont été adressées. Iéna et Leipzig, 1799, in-8°. — Réponses juridiques des éditeurs du journal philosophique contre les imputations d'athéisme. Iéna, 1799, in-8°. — Instruction pour parvenir à la vie bienheureuse, ou théorie de la religion, etc. Berlin, 1806, in-8°.

Leçons sur la destination de l'homme de lettres et du savant. Iéna, 1794, in-8°. — Système de morale. Iéna et Leipzig, 1798, in-8°. — Considérations pour rectifier le jugement du public sur la Révolution française, 1793, in-8. — Fondemens du droit naturel. Iéna, 1796-1797, IIe partie, in-8°. — Sur la destination de l'homme. Berlin, 1800, in-8°. — Le commerce comme corporation (der geschlossene Handelstaat); projet philosophique en appui à la théorie du droit. Tubingue, 1800, in-8°. — Leçons sur les fonctions de l'homme de lettres et du savant. Berlin, 1806, in-8°. — Traits caractéristiques du siècle présent. Berlin, 1806, in-8°. — Discours à la nation allemande, Berlin, 1808, in-8°. — Leçons sur l'idée de la véritable guerre. Berlin, 1813, in-8°. — Théorie de l'état, ou plusieurs discours sur le rapport de l'état primitif avec l'ordre de la raison (posthume). Berlin, 1820, in-8°, et autres éditions, entre autres: Discours sur diverses matières de philosophie appliquée, contenant aussi les leçons sur l'idée de la véritable guerre, réimprimées.

www.ingramcontent.com/pod-product-compliance
Ingram Content Group UK Ltd.
Pitfield, Milton Keynes, MK11 3LW, UK
UKHW020153250726
13967UKWH00003B/1033

9 782012 960510